歴史文化ライブラリー

75

マンガ誕生

大正デモクラシーからの出発

清水　勲

吉川弘文館

はしがき

　戯画あるいは諷刺画の意味をもつ「漫画」という言葉が日常語として定着したのは昭和初年である。それまでは「鳥羽絵《とばえ》」「ポンチ」といった言葉が使われていた。しかし、大正に入って職業として漫画を描く人々（当初は新聞社の漫画担当記者たちだった）が続々出てくると、「漫画家」という言葉が生まれ、「漫画雑誌」「少年漫画」「東京漫画会」といった言葉が使われだし、「漫画」という言葉がマスコミにしばしば登場するようになる。

「漫画」という言葉は、江戸時代に『北斎漫画』『漫画百女』といった画集のタイトルに使われたが、これは「絵で描いた随筆」すなわち「漫筆」、あるいは「漫筆画」といった意味をもっていて今日的意味とはちがう。現代的意味の「漫画」は、今泉一瓢《いっぴょう》が明治二八年（一八九五）、『一瓢漫画集・初篇』を出版、はじめて英語のカリカチュア(Caricature) にあたる言葉として「漫画」という言葉を使いだした（今泉秀太郎『一瓢雑話』明治三四年、三ページ）。そして明治四〇年代には小杉未醒《みせい》が戯画風画集のタイトルに使った。『漫画一年』(明治四〇年)、『漫画天地』(明治四一年)、『漫画と紀行』(明治四二年)、『詩興漫画』(明治四四年）などである。これらの画集の人気は、「漫画」という言葉を広めるうえで一定の貢献をしたと思われる。そして大正期に新しいスタイルの表現が続々と登場するなかで、新しい言葉「漫画」が「鳥羽絵」や「ポンチ」を上まわるものとなっていくのである。それは新時代にふさわしい言葉であり、大正デモクラシーが終わる昭和七年(五・一五事件によって政党内閣が終わる）には日常語になるのである。したがって、「漫画」は昭和語といってよい。

今日では「漫画」は「マンガ」と書かれることが多い。石子順造の『マンガ芸術論』(昭和四二年、富士書院）あたりからこうした表記があらわれた。石子は同書のはしがきでこう書いている。

ぼくは漫画と書かずに、マンガと書くことによって、動画からテレビのCMまでをふくめて、できるだけ広く、今日の、とくに日本の現代マンガにそくして、内容や機能にふれてみたいと思っている。……

昭和五〇年代以降、「劇画」が「コミック」、「動画」が「アニメ」と呼ばれるようになり、ストーリー漫画、コマ漫画（短編ストーリー漫画や四コマ漫画などをいう）が漫画界の主流になるにしたがって、「マンガ」という表記が一般に使われるようになった。

大衆向けの漫画は、江戸中期に木版画技術を使用して戯画本として大坂に登場した。そして、その戯画表現は一枚絵漫画として描かれてきた。幕末には戯画浮世絵が盛んに版行された。これも一種の一枚絵漫画であった。幕末から明治中期にいたるジャーナリズムに描かれた漫画も一枚絵がほとんどであった。

しかし、二〇世紀に入ると世界のジャーナリズムの中にコマ漫画が登場してくる。たとえば、アメリカの『ニューヨーク・ジャーナル』紙に一八九六年から連載された「イエロー・キッド」（R・F・アウトコールト作）がある。中国系の少年が主人公の連続漫画である。こうしたコマ漫画は、映画に影響されて生み出されたものといわれる。日本でも明治三五年（一九〇二）、『時事新報』に日曜漫画欄「時事漫画」が北沢楽天《らくてん》によって描かれだし、「イエロー・キッド」に触発された「茶目と凸坊《でこぼう》」「田吾作と杢兵衛《もくべえ》の東京見物」などのコマ漫画が登場した。

そして大正に入ると、朝日新聞の漫画記者岡本一平が「漫画漫文」という洒脱《しゃだつ》な文章入りの一枚絵漫画を創始する。一種のナンセンス漫画（人間性を諷刺する一枚絵漫画）で、このスタイルを発展させて「映画小説」「漫画小説」と称するコマ漫画、ストーリー漫画も作りだし人気を得る。これは日本における質の高いストーリー漫画の始まりであった。「マンガの時代」がここから始まったのである。

大正期の漫画は、歴史事件に影響を受けながら形成されてきた。明治末年の大逆事件によって言論界は冬の時代に入り、これまでの政治や社会を諷刺するものではなく、人間を諷刺する新しいスタイルの漫画が生まれる。しかし、大正デモクラシーが勢いづくと漫画界は再び活性化し、プロレタリア漫画や子どもを対象にしたストーリー漫画が生みだされていった。

本書はこうした現代的「マンガ」が形成される出発点となった大正期、そしてその漫画が大正デモクラシーと深いかかわりをもって生まれたことを具体例で示すものである。ページ数の関係で概論の域を出ないが、日本の漫画あるいはストーリー漫画がどのように形成されてきたかを知るうえで、この時代が重要な意味をもっていることを紹介したい。それによって漫画、とくにコマを使った漫画とは何かを理解していただければ幸いである。

現在、日本のストーリー漫画は世界中の人々に読まれるようになった。それは、アメリカのコミックやフランスのバンド・デシネなどとはちがう表現手法を使っているところに個性があり、とくに韓国、台湾、香港など東アジアの漫画文化に強い影響を与えている。この日本のストーリー漫画や子ども漫画のルーツ、特性（映画やイギリス、アメリカ、ドイツ、フランスからの影響が強いことなど）の紹介によって、本書は近代日本漫画表現史の基礎部分の解明に役立つものだと確信する。

一九九九年七月

清　水　　勲

〔付記〕本書掲載の漫画作品の中には、著作権者または継承者が不明のため、やむをえず、そのご承諾を得ないまま転載した作品があります。これらの著作権者または継承者の方は、吉川弘文館編集部までご連絡いただきたくお願いいたします。

目次

はしがき
大正デモクラシーと漫画―プロローグ …… 1
大逆事件の衝撃
ジャーナリズムの後退 …… 10
『東京パック』と『大阪滑稽新聞』 …… 26
漫画の再生
岡本一平の登場 …… 64
日本漫画会の結成 …… 90
子ども漫画の誕生 …… 100
漫画界の活況
北沢楽天と宮武外骨の復活 …… 118
須山計一と大正デモクラシー …… 134
柳瀬正夢とプロレタリア美術 …… 143

近代漫画の女性像……163
マンガ時代の幕開け――エピローグ……179

大正デモクラシーと漫画――プロローグ

大正デモクラシーの原点

一九世紀中葉、日本は米国の圧力によって開国し、世界史の舞台に登場することになる。幕府の支配から天皇の支配する国となり、やがて領土拡大の野心から大国と利害が激突し対決する道をたどっていく。戦後の日本はアメリカ合衆国という大国と運命を共にしてきた（アメリカの傘の下で生きてきた、といった方が正確か……）感がある。昭和に入ってアメリカと中国問題をめぐって対決しはじめ、戦争で結着をつけることになる。そして、天皇の支配する近代国家日本は、アメリカに敗れることにより終焉する。すなわち、二〇世紀中葉以降、日本は大国アメリカと対決し、戦争をいどみ、敗戦し、占領され、アメリカのような国をめざすようになる。

一九世紀後半から二〇世紀初頭にかけては、ロシアが日本の運命を左右する大国であった。日本はロシアの南進政策と対決するようになるのである。一八五三～五六年のクリミア戦争は、トルコ領に侵入するというロシアの南進政策による戦争であった。しかしロシアは、オスマントルコ、イギリス、フランスなどの連合軍に敗れた。かくしてロシアは、南進政策を極東へと向けてきた。「満州」、朝鮮を支配しようとするその政策は、日本との対決を深めていったのである。そして、その結着は明治三七年（一九〇四）の日露戦争に持ち込まれた。

世界最強の国を相手に日本軍は善戦し、莫大な損害を出しながら形の上で勝利をおさめた。しかし、多くの国民は圧倒的な勝利だと知らされていた。そのため、ロシアとの間に結ばれた講和条約（ポーツマス条約）の内容は、とうてい国民が納得するものではなかった。政府への不満が爆発し、東京の日比谷をはじめとして各地で暴動が多発した。こうした政治不信への国民の意志表示は、大正デモクラシーの原点になったといわれる。そして、このころから婦人運動やさまざまな芸術運動（明治四〇年の「新思潮」、明治四一年の「パンの会」、明治四二年の「自由劇場」、明治四三年の「白樺」など）が起こる。社会に自由な雰囲気が生まれ、さらにそれを国民不満のガス抜きとして許容するかのような反政府運動の姿も見えた。

明治四〇年、社会主義者たちは『平民新聞』（明治三六〜三八年、週刊で発行）を日刊で再発行しはじめる。しかし、その年のうちに廃刊に追い込まれる。社会運動の高揚は、権力の弾圧をも強めていくのである。そうしたなかで明治四三年（一九一〇）、大逆事件の関係者逮捕が始まった。日露戦争の講和条約をめぐる社会の混乱がもたらした短期間の自由主義あるいは個人主義的風潮——それがやがて政府の反発を呼んで大逆事件を引き起こしたのである。

大逆事件被告の死刑判決後一週間以内の処刑（一二名）は、言論界を震撼させた。漫画界も例外ではなかった。宮武外骨《みやたけがいこつ》の『大阪滑稽新聞』は大正二年（一九一三）に終刊、北沢楽天《らくてん》のかかわった第二次『東京パック』も大正四年に休刊に追い込まれた。売り物だった諷刺性が軟弱化したためである。そんな時代に朝日新聞に入社した岡本一平は、新しいスタイルの漫画である「漫画漫文」「映画小説」「子ども漫画」「漫画小説」といった分野を生みだしていく。それまでの漫画が政治諷刺や風俗世相諷刺だったものを、人間諷刺の漫画すなわちナンセンス漫画の分野を開拓していくのである。ナンセンス漫画に類するものは、江戸の昔から存在していたが、岡本一平の登場によってその質が格段に向上されていく。

デモクラシーの開花

大正五年（一九一六）一月、三七歳のヨーロッパ帰りの東京帝国大学教授吉野作造は、『中央公論』に、民本主義を説く一〇〇ページに及ぶ大論文を発表した。その賛否をめぐる論争が言論界にわきおこる。一般には、大正デモクラシーはここから始まるといわれる。

大正六年、ロシア一〇月革命によってソビエト政権が樹立された。再びロシアをめぐって日本に衝撃が伝わる。列強諸国にも衝撃を与え、干渉の動きが始まる。かくして大正七年八月二日、日本政府はシベリア出兵を宣言。その翌日、富山県に米騒動が起こる。騒動は全国に広がり、ジャーナリストたちが寺内内閣の弾劾運動を展開するにいたり、同年九月二一日、内閣は総辞職する。そして、原敬による政党内閣が成立する。大正デモクラシーはその高揚期を迎える。ロシア革命の衝撃は日本の政治をも変えさせることになるのである。

数字の上でも、大正二年から大正八年までの同盟罷業《ひぎょう》の件数および参加人数が、激増していったことがわかる（『近代日本総合年表』第二版、岩波書店）。また、大正六年以降には、小作争議（＊印）も顕在化してくる。

大正二年　四七件（五二四二人）
〃三年　五〇件（七九〇四人）
〃四年　六四件（七八五二人）
〃五年　一〇八件（八四一三人）
〃六年　三九八件（五万七三〇九人）
　　　　＊八五件
〃七年　四一七件（六万六四五七人）
　　　　＊二五六件
〃八年　四九七件（六万三一三七人）
　　　　＊三二六件

大正デモクラシーの勢いは労働運動をも活性化していった。大正九年（一九二〇）五月二日の日曜日、日本最初のメーデーが上野公園で開催された。参加者一万人余のもと、「治安警察法第一七条（労働条件項目）撤廃」「失業防止」「最低賃金法設定」の三要求を決議した。大正一一年二月一八日には、国会に「過激社会運動取締法案」が提出されるほどだった（審議未了となる）。そして同じ大正一一年七月一五日、社会主義者たちが日本共産党を非合法に結成した（委員長・堺利彦《としひこ》）。翌年六月五日には堺利彦ら共産党員が検挙される（第一次共産党事件）。

そして大正一二年（一九二三）の関東大震災を経て、大正一四年三月二日、普通選挙法案（衆議院議員選挙法改正案）が修正可決される。治安維持法と抱きあわせであった。

文化戦野に立つ

大正デモクラシー期の労働運動は美術界にも及んだ。大正一〇年、『読売新聞』で漫画を描きだした柳瀬正夢《やなせまさむ》は、大正一三年末には日本漫画会（岡本一平が会長格。大正五年に結成された東京漫画会が大正一二年に改称した団体）に所属し、『文芸戦線』『文芸市場』『無産者新聞』などにも漫画やプロレタリア漫画を描きだす。大正一五年（一九二六）七月、日本漫画家連盟が結成される。日本漫画会から在《あり》田稠《たしげる》、麻生《あそう》豊、宍戸左行《ししどさこう》、下川凹天《へこてん》が、新興美術運動の側から村山知義《ともよし》、柳瀬正夢が発起人として名をつらねた。柳瀬は日本漫画会にも所属していたから、彼が会の発足に大きくかかわったと思われる。日本漫画家連盟は日本漫画会とちがって、宣言、綱領、そして機関紙『ユーモア』をもつ全国組織の団体であった。彼らのめざしたものはカートゥーンといわれる一枚絵の諷刺漫画を芸術のレベルへと創造していくことだった。その宣言を紹介しよう。

われわれは独立せる漫画芸術の確立と発達を期す
われわれは人類幸福の妨げとなる凡《すべ》ての物を排除せんことを期す

宣　言

漫画界は沈滞しきっている。総《すべ》ての芸術中漫画程おくれているものはない。未だにポンチ絵の域を脱し得ないでいる。いうまでもなく漫画家は、形式の如何《いかん》に拘《かかわ》らず、辛辣《しんらつ》なる文明批評家、深刻なる人生批評家であらねばならない。しかるに今日のそれは如何であるか。新聞雑誌に売品主義の俗悪漫画を造るを唯一の目的として、漫画家の本性を忘れんとする現状ではないか。それがため娯楽雑誌、婦女雑誌は宣伝上のいわゆる大家を濫造し、玉石混淆の有様である。漫画の見識のない事　夥《おびただ》しい。社会は民衆芸術を低級芸術と誤解しているようだ。漫画芸術のためには飽《あ》くまでも売品主義、俗悪芸術と闘わねばならない。故にわれわれは美術と思想との間に介在する新芸術の独立を計り、わが有力巨大なる武器に十分磨きをかけ、文化戦野に立つ必要がある。如上《じょじょう》の理由からして、われわれは今回日本漫画家連盟を組織し、共同団結して目的達成に勇往邁進《ゆうおうまいしん》する覚悟である。

大正の漫画家たちがこのような宣言の下で会を組織し、新たな創造への道へと立ち向かっていくのは、欧米漫画からの強い触発があったからである。たとえば、大正一二年一月、ドイツから帰国した村山知義の持ち帰ったグロスの画集に、柳瀬正夢は強い衝撃を受けた。下川凹天著『ポンチ肖像』（磯部甲陽堂、大正五年刊）には、ドイツ雑誌『ユーゲント』『シンプリチシムス』を下川や幸内純一が見ていることが記されている。フランスの諷刺雑誌『リール』やアメリカの労働運動機関誌『リベレーター』なども漫画家たちの目にふれていた。第一次世界大戦期にドイツ皇帝やドイツ軍の侵略行為を鋭く諷刺したオランダの画家ルイス・レーメーカーの画集『此《これ》でも武士か』が丸善から翻訳刊行されたのも大正中期のことであった。この本は柳瀬、須山計一、松山文雄などプロレタリア漫画を描く人々に大きな反響を与えた。

成沢玲川《れいせん》編『西洋漫画・安楽椅子』（泰山房、大正七年刊）には欧米のナンセンス漫画が紹介された。また大正一二年、『朝日新聞』および『アサヒグラフ』に連載されたアメリカ漫画「親爺《おやじ》教育」（G・マクナマス作）、同じく同年に『朝日新聞』に連載されたアメリカ漫画「マットとジェフ」（B・フィッシャー作）などはコマ漫画の分野に大きな影響を及ぼした。

大逆事件の衝撃

ジャーナリズムの後退

二つの戦争

明治の二大対外戦争である日清戦争と日露戦争は、日本の近代化が質的に変革していく契機となる側面をもっていた。

日清戦争は、朝鮮半島の支配権を清国と争い、日本がその特権を獲得した戦争である。戦勝によって賠償という甘い汁を吸うことになり、強兵が富国となりうることを国家が実感する。賠償金の一部は、産業や軍備の近代化に使用された。

日清戦争の一〇年後に起こった日露戦争は、反戦思想や労働者の国際連帯を生み、社会主義者が国策を批判する一大勢力となりつつあるかに思われた。危機感をもった政府は彼らを弾圧していく。明治三八年（一九〇五）九月五日、日露講和条約が調印された日、そ

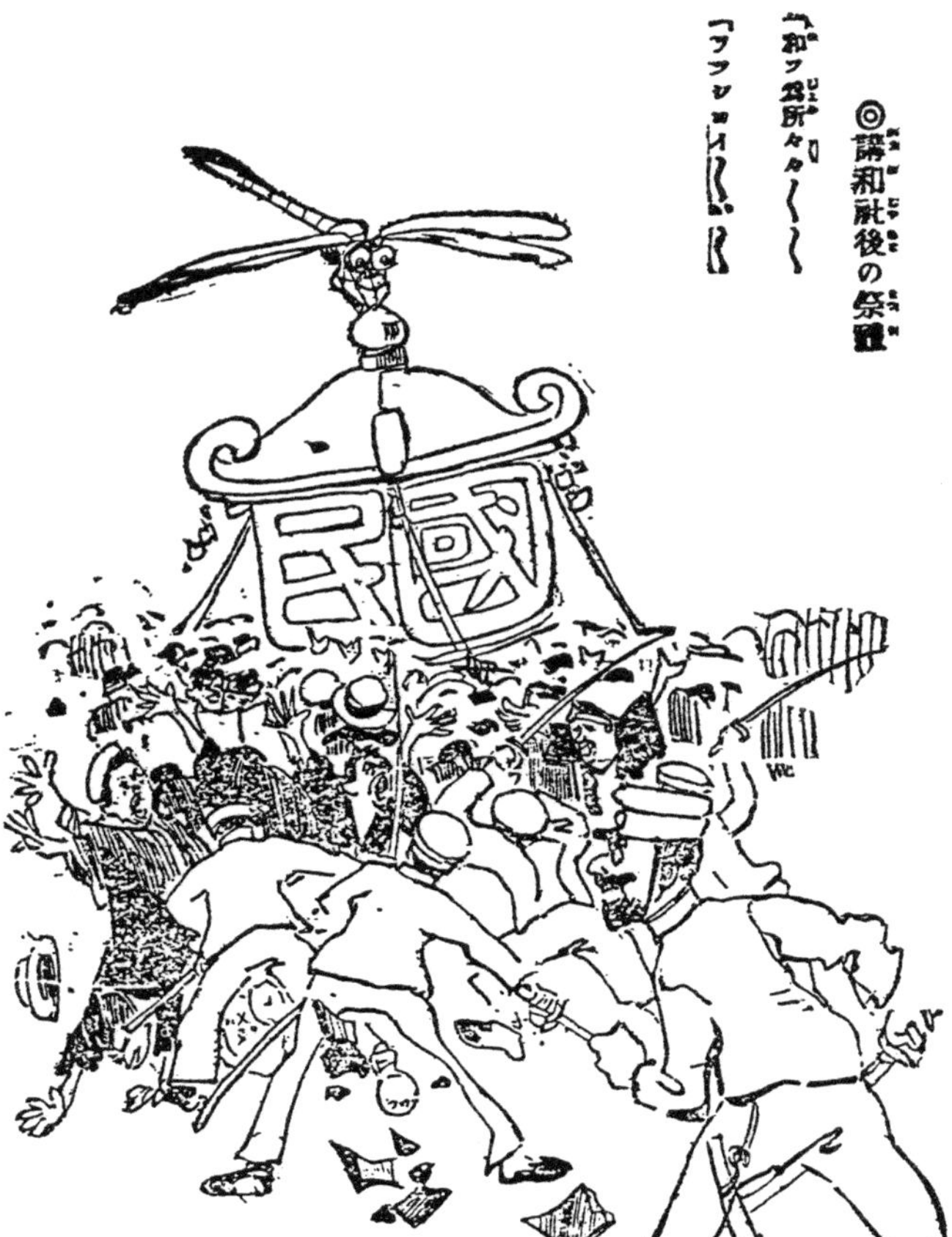

図１　講和社後の祭礼（筆者不詳，『団団珍聞』明治38年９月13日号）

の講和条件に反発して東京日比谷公園で講和反対国民大会が旧自由民権派闘士の河野広中らによって開かれ騒乱状態を引き起こす（図1）。この政府に向けられた国民の意志表示は大正デモクラシーの源流ともなり、幸徳秋水《こうとくしゅうすい》も『直言』の論説で政府批判に立つ。そして、社会主義者たちをふるいたたせたのである。

赤旗事件

明治四〇年（一九〇七）一一月三日、アメリカのサンフランシスコの在留邦人たちが天長節奉祝会を開催の日、日本領事館や日本人街に『暗殺主義』第一巻第一号と称する一枚の印刷物が貼りめぐらされた。そこには「日本皇帝睦仁《むつひと》君に与う」と題した一文が書かれていた。明治天皇を非難し、「天皇は謀殺者であり、逆殺者である」と断じ、革命は自然の理であり、われらテロリストは「暴には暴をもって反抗する」と宣言し、「天皇の死は目前に迫っている」と脅迫している（『写真図説近代日本史』昭和四一年、国文社）。

この事件は日本政府に衝撃を与えた。そして翌年の赤旗事件を経て、社会主義者弾圧をエスカレートさせていく。赤旗事件は明治四一年六月二二日に起こった。この日、仙台監獄から出獄した山口孤剣《こけん》（日刊『平民新聞』の論文で起訴され有罪となる）の出獄歓迎会が、東京神田の貸席、錦輝館で社会主義者の左派（直接行動派）、右派（議会政策派）両派合同主催で開かれた。来会者は七〇名余。閉会まぎわ、左派の大杉栄《さかえ》と荒畑寒村《あらはたかんそん》が「無政府共産」と書いた赤旗をかかげて会場をかけまわり、勢いで外に飛び出したため、すぐに警官隊に包囲され、大杉、荒畑のほか止めに入った堺利彦、山川均《ひとし》、管野《かんの》スガら一〇名が連行され、起訴された。同年八月の裁判で、管野スガら四女性は無罪になったが、大杉は重禁錮二年半、堺と山川は同二年、荒畑は一年半という重刑に処せられた。やがて起きる大逆事件で、管野スガが死刑となり、重禁錮の四人はいずれも入獄中で事件に巻き込まれなかったのは皮肉な結果である。

大逆事件

赤旗事件によって、山県有朋《やまがたありとも》ら官僚・軍部勢力は、西園寺公望《さいおんじきんもち》内閣の社会主義者取締りが手ぬるいという非難を強め、明治四一年（一九〇八）七月四日、同内閣を総辞職に追い込んだ。そして明治四三年五月二五日、幸徳秋水の家に出入りする宮下太吉《たきち》が爆発物製造の容疑で長野県松本署に逮捕され、大逆事件の大検挙が始まる。六月一日、幸徳秋水が湯河原で逮捕された。以後、八月まで和歌山、岡山、熊本、大阪で容疑者逮捕が行なわれた。この中には、管野スガも含まれていた。合計二六名の逮捕者たちの容疑は、明治天皇暗殺という「大逆」を計画したことだった。

明治四四年（一九一一）一月一八日、大審院の特別法廷で判決が言い渡された。新田融《とおる》の懲役一一年、新村《にいむら》善兵衛の八年をのぞいて、他の二四名は全員死刑という過酷なものであった。判決の翌日、一二名が無期懲役に減ぜられたが、他の一二名は判決後一週間のうちに絞首刑に処せられた。幸徳秋水、管野スガ、宮下太吉、新村《にいむら》忠雄、古河《ふるかわ》力作、大石誠之助、森近運平《もりちかうんぺい》、松尾卯一太、新美卯一郎《にいみういちろう》、内山愚堂《ぐどう》、奥宮健之《おくのみやけんし》、成石《なるいし》平四郎である。

この事件は、爆裂弾を実際に製造していた宮下太吉、新村忠雄、管野スガ、古河力作の四名以外はでっち上げられたらしいことが、前内相だった原敬《たかし》の日記などからわかるという。幸徳秋水は天皇暗殺計画の首領とされ、計画を知らずに協力したり、秋水の家に親しく出入りしていた者が計画に参加したものとされたのである。

漫画界の震撼

大逆事件の判決とわずか一週間以内の一二名の死刑執行は、ジャーナリズムに衝撃を走らせた。それは漫画関係者たちも例外ではなかった。北沢楽天主宰の『東京パック』（明治三八年創刊）は、しばしば社会主義に理解を示し、それを支持する内容（明治四二年八月一〇日号の「月世界に於《お》ける演説」〈図2〉は、血税〈徴兵制〉は悪税であり、血税と租税を戦争に使う政府を非難）の漫画で発禁になったこともあったが、大逆事件の判決後、社会主義を批判する漫画や評論を掲載するようになった。

事件にかんする数少ない諷刺漫画として『大阪パック』は、明治四三年一一月一五日号

図２　月世界に於る演説（北沢楽天，『東京パック』明治42年８月10日号）

血税（徴兵制）と租税を戦争に使う政府を非難したこの漫画で，発禁処分を受けた．

図３　社会主義症全滅（筆者不詳，『大阪パック』明治43年11月15日号）

刑法第73条（皇室罪を規定）を適用して社会主義者たちを弾圧する権力側．

図４　聞きたい理由（筆者不詳，『大阪パック』明治44年２月１日号）

大逆事件判決に対する外国からの批判をかわすため，判決理由をいち早く外国に伝えたことを皮肉っている．

で「社会主義症全滅」(図3)と題する大逆事件の大検挙を描いている。また同誌明治四四年二月一日号は、「聞きたい理由」(図4)と題した筆者不詳の漫画を載せている。これは、政府が外国からの判決に対する批判をかわすため、判決の理由をいちはやく外国に伝えたことを皮肉っている。

宮武外骨《みやたけがいこつ》はその主宰誌『大阪滑稽新聞』明治四三年二月二八日号の記事「我輩と社会主義」が治安妨害として発禁となり、禁錮二ヵ月の判決を受けて入獄する。出獄したのは同年六月二五日である。すでに大逆事件の検挙が始まっていた。そして明治四四年一月、事件の判決と処刑を目の当たりにして、外骨の後継者の活殺外史《かっさつがいし》(板橋菊松)は同年二月一日号で事件を批判する。そして発禁処分を受ける。ここにいたって発行元は、生き残るために社主を宮武外骨から田中水也に変更するという選択をする。大逆事件の影響がいかに大きかったかがわかる。

小杉未醒と社会主義

漫画を描いた人たちについて、事件からの影響を少しみてみよう。

明治を代表する漫画家は、職業漫画家の第一号ともいうべき北沢楽天である。彼と事件との関係は次章にゆずり、もう一人の漫画家として小杉未醒《こすぎみせい》(一八八一～一九六四)に注目してみたい。漫画界の主導者が北沢楽天から大正に入って岡本一平に代わる橋渡し的役割を果たしたのが未醒である。

小杉未醒は明治三三年（一九〇〇）に小山正太郎の不同舎に入門し、明治三五年に太平洋画会の会員になっている。彼が大衆に向けた絵の仕事をするのは、明治三六年に小山正太郎の推薦で近事画報社に入ってからである。二二歳の年であった。明治三七年、日露戦争に従軍し画報通信員として戦場の模様を画や文にして送った。『戦事画報』（『近事画報』の戦時版）の主宰者であった国木田独歩《くにきだどっぽ》にこの仕事が評価され、正社員に登用される。

明治三九年、独歩が独歩社をおこし、『新古文林』を創刊すると、未醒は同誌に戯画風コマ画《え》を描く。明治二〇年代末から新聞、雑誌に登場したコマ画は、文章や記事には付随しない独立した小詩画で、抒情性をもつものであったが、未醒は戯画性を強調するコマ画を創造していく。この未醒スタイルのコマ画は、大正に入ると岡本一平に引き継がれていく。

明治四〇年五月、太平洋画会の会員である石井柏亭《はくてい》、山本鼎《かなえ》、森田恒友《つねとも》の三人によって美術雑誌『方寸』が創刊される。翌年には未醒、倉田白羊《はくよう》、平福百穂《ひらふくひゃくすい》が加わる。しかし、明治四一年一二月、柏亭、鼎、木下杢太郎《もくたろう》、北原白秋ら『方寸』や『屋上庭園』の同人によって結成された「パンの会」には未醒は参加していない。「パンの会」は社会主義者の団体のように見られたことがあった。明治四二年五月の同会の会合は、警視庁が社会主義者の集まりと勘ちがいし、巡査五〇人を動員したことで笑い草となったことがあったほどである。もし、社会主義的団体であったなら未醒は参加していたかもしれない。「パンの会」とはどんな団体だったのかは、山本鼎が興味深くこう伝えている。

其頃《そのころ》、太田正雄（木下杢太郎）君を中心として、吾々の間に異国趣味が盛んに探究された。凝固たるアカデミズムに対する反抗として漫画趣味《カリカチユアル》と異国趣味《エキゾチツク》とが恰《あたか》も今日の野獣《フオブ》主義のやうに活気を持つたのです。両国公園の植込みを前にした狭い裏道の、すべてが混血児趣味のちつぽけな洋食屋を見つけて、其処《そこ》に居る白首には羞《はにか》んで口がきけず、然《しか》も瓶詰めの正宗に酔ひながら熱烈な芸術論を闘はし、新作の戯曲を朗読したり、漫画を描き合つたり、嘔吐を吐いたり、思はず夜が更けて万世橋辺に最も古風な宿屋をみつけて其処《そこ》へ一同泊り込み、夜明かしで哲学的な恋愛談をやつた。自己の乳臭に反抗する量見で勇を鼓して吉原へ出かけたり、夜中に町の神楽堂へ上つてさかりしたり、永代橋の頂上を長靴で歩いて見たり、今から言へば他愛のない不良振りを発揮して得意であつたのです。……（『画学生の頃』昭和五年、アトリエ社）

図5　廃兵（小杉未醒，『漫画一年』佐久良書房，明治40年）

「一将功成りて万骨枯る」か.

図6　村の停車場（小川芋銭，『草汁漫画』日高有倫堂，明治41年）

工女の群れ，軍人，労働者などを描いた田舎の駅のスケッチ．

小川芋銭との出会い

未醒は、こんな雰囲気の社会主義とも無縁の会を意識的にきらったように思える。未醒と社会主義との出会いは、小川芋銭《うせん》（一八六六〜一九三八）との交流から始まったと思われる。明治三六年（一九〇三）、未醒は『いはらき』主筆の佐藤秋蘋《しゅうひん》の紹介で芋銭と知り合っている。以後、二人の親交が始まる。社会主義に理解を示した芋銭の影響を受けて、未醒はコマ画の中に反戦的テーマ（図5）のものを描くようになる。戯画風コマ画の創造にも芋銭からの影響があったように思える。

また、未醒が日露戦争期に発表した太平洋画会出品の油彩画「捕虜の糺問《きゅうもん》」「戦友」（以上、明治三八年）、「捕虜と其《そ》の兄」（明治三九年）はヒューマニズムと反戦の主張が込められていて、社会主義に理解を示す画家とみられていたことが想像できる。そして芋銭が『平民新聞』『直言』『光』などに掲載したコマ画を画集にまとめようと走り回ったのは未醒である。かくして明治四一年、芋銭初の画集『草汁漫画』（図6）が日高有倫堂から出版された。

『草汁漫画』の序文は、佐藤秋蘋から紹介された幸徳秋水が書いていて、その最後が次のように締めくくられている。

芋銭子は全国一万の社会主義者に取て一個の恩人なり。我れは子の画に対する毎《たび》に、

感謝の念、懐《ふところ》に満つ　一九〇八年二月

このほか、田岡嶺雲《れいうん》、伊藤銀月、佐藤秋蘋も序文を寄せている。進歩的評論家で思想家の田岡との交流が、未醒の思想に大きく影響を与えたことは想像に難くない。小川芋銭とのつきあいは、幸徳秋水や田岡嶺雲とも関係ある者として官憲に受けとめられ、大逆事件関連の尋問が当然、未醒にも及んだと思われる。芋銭はもちろん、竹久夢二なども司直の追及を受けている。この事件では一五〇〇人以上の人々がなんらかの尋問を受けたという。

大逆事件という転機

芋銭は明治四一年（一九〇八）、鹿島桜巷《おうこう》編『漫画百種』『漫画春秋』（いずれも日高有倫堂）にそれぞれ三一点、五一点の作品を提供している。一方、未醒は明治四〇年『漫画一年』（佐久良書房）、明治四一年『漫画天地』（佐久良書房）、明治四二年『漫画と紀行』（博文館）、明治四四年『詩興漫画』（国文館書店）を出版している。明治四四年一一月、未醒と芋銭は東京三越で「芋銭未醒漫画展覧会」を開催している。

二人の漫画家としての目立った活動はここまでで、以後、日本画への道をそれぞれ歩むことになる。それには、大逆事件の影響があったことは明らかである。コマ画、漫画は社会それも現実社会を意識して描き、ときにはその矛盾を突く必要がある。そこには反権力、反政府の主張がどうしても入り込むことになろう。大逆事件を経た二人は、その生臭い現実の世界から離れ、「思索と美」の世界へと入っていくのである。

『東京パック』と『大阪滑稽新聞』

『東京パック』と大逆事件

近代漫画は歴史の流れの中でその性格を幾度となく変えてきた。たとえば、自由民権期、大逆事件直後、大正デモクラシー期、太平洋戦争期などが漫画の転換期のように思える。明治四四年（一九一一）一月の大逆事件判決で一二人の被告の死刑が執行されると、ジャーナリズムに衝撃が走った。北沢楽天主宰の時局諷刺雑誌『東京パック』は、明治三八年の創刊以来、藩閥政府や警察などの権力に対して漫画で批判の矢を射てきたが、大逆事件後、社会主義に対して批判を加えるようになる。社会主義に対して、楽天は一時理解を示したことがあった。それが明治四三年五月、大逆事件の逮捕が始まると「植物学者と珍草」（明治四三年一〇月一日号、図7）

27　『東京パック』と『大阪滑稽新聞』

図７　植物学者と珍草（北沢楽天，『東京パック』明治43年10月１日号）

「社会主義草」を一種の「毒草」としている．学者にとっては「毒草」も研究材料だが，発売禁止虫が増えて迷惑だと言っている．

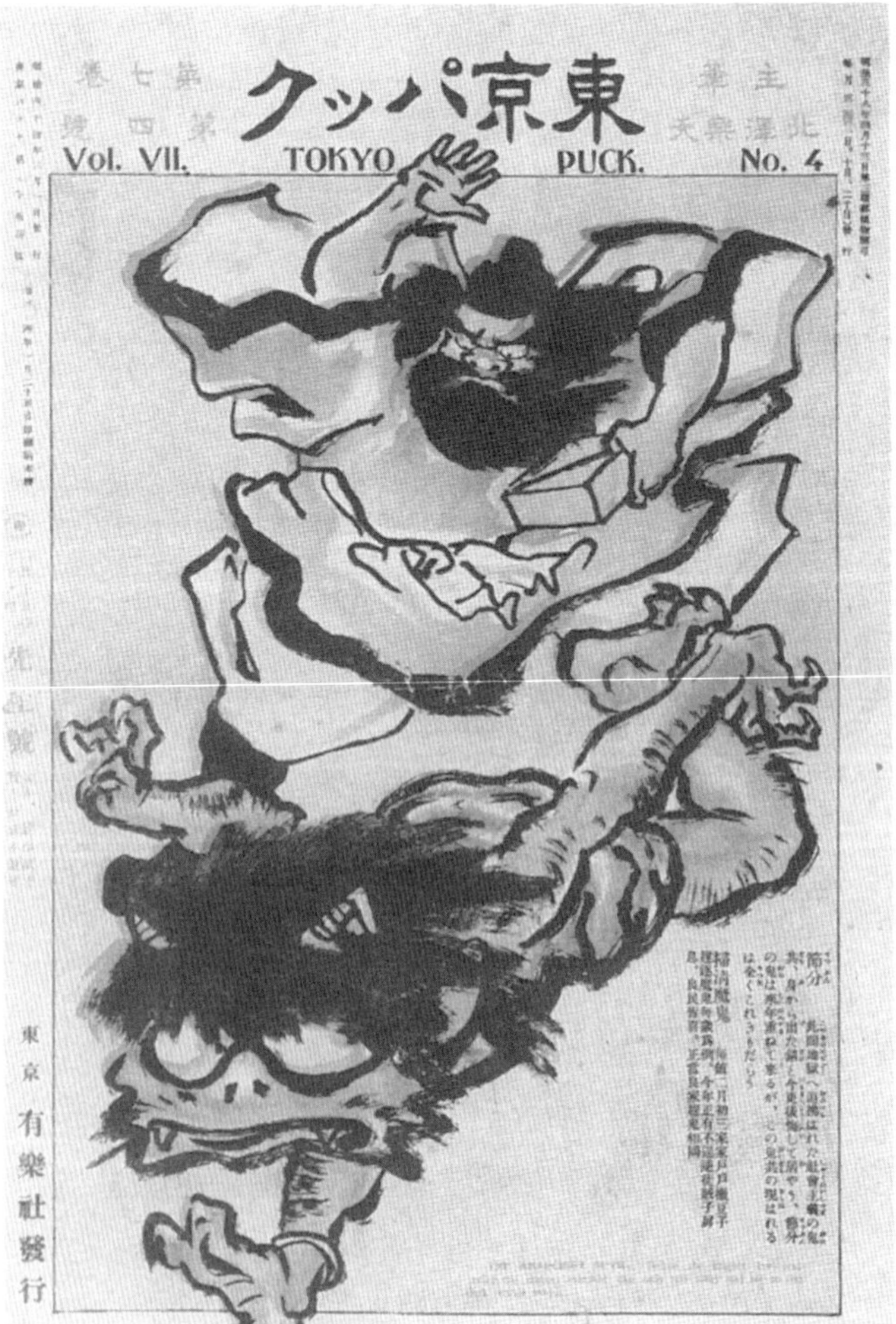

図８　節分（北沢楽天，『東京パック』明治44年２月１日号）
鬼（社会主義）が鍾馗（大審院）に豆をぶつけられて逃げ惑う．

のように、社会主義に疑問を呈し始める。そして、判決・死刑執行後には「節分」（明治四四年二月一日号）のような鬼（社会主義）が鍾馗《しょうき》（大審院）に豆をぶつけられて逃げ惑う図（図8）が描かれる。

その後の『東京パック』は諷刺のパワーが失われていき、楽天は社主と仲たがいを起こし明治四五年五月に退社する。楽天なき第二次『東京パック』は、小川治平《じへい》、小川千甕《せんよう》、川端龍子《りゅうし》らが表紙や見開きページの漫画を担当するが、大正三年に起きたシーメンス事件（日本海軍の収賄事件。民衆運動に発展した倒閣運動により、第一次山本内閣が総辞職）でわずかに盛り上がった以外は、迫力ある誌面を作れずに読者の支持を失っていく。大正四年五月、旬刊から月二回刊とし、新たに楽天や下川凹天に表紙や見開きページを担当してもらうが、二人とも『楽天パック』（明治四五年六月創刊）を失敗した直後に参加したくらいなので、起死回生とはならず、大正四年一二月に第二次『東京パック』は終刊する。

第一次『東京パック』、第二次『東京パック』の盛衰は、大逆事件の発生から事件後の社会がどのように変わったか、具体的には漫画ジャーナリズムにどのような影響を与えたかを知る貴重な資料である。そのために、この雑誌の作品がその諷刺性においてどう変化したかをもう少し追求する必要があるように思える。

『東京パック』の諷刺性

そこで私は、漫画の諷刺性の数量化を試みてみたい。日本漫画資料館の所蔵する明治四二年から大正四年までの『東京パック』一三七冊につき、その諷刺漫画の代表的ページである表紙および中央見開きページの作品（一冊に二点掲載されているから二七四点）の諷刺性を点数で評価するのである。次のようなルールを作った。現代の価値基準あるいは諷刺画史上の価値基準で作品を評価する。社会に与えた影響度、絵の迫力、構図の奇抜さも勘案する。そして漫画作品を次の三つに分類し、それぞれ三段階の配点をする。

A　政治諷刺……一〜三点（並）、四〜六点（良）、七〜一〇点（優）。ただし外国漫画はテーマが外国社会や国際政局であるため、直接日本社会への影響度が少ないことから、その優は七〜八点。政治諷刺は社会への影響力が強いから最高点を一〇点とした。一〇点を取ったものを「傑作」とする。

B　社会（世相）諷刺……一〜三点（並）、四〜六点（良）、七〜八点（優）。八点を取ったものを「傑作」とする。

C　人間諷刺……一〜二点（並）、三〜四点（良）、五〜六点（優）。六点を取ったものを「傑作」とする。

以上の点数基準によって明治四二年から大正四年までの各号表紙・見開きページ作品に点数をつけ、「傑作」を数えてみると次のようになった（表1〜7参照）。


明治四二年（大逆事件判決二年前）　作品数三二点、傑作八点、傑作率二五％。

明治四三年（大逆事件判決前年）　作品数五四点、傑作一七点、傑作率三一・五％。

明治四四年（大逆事件判決の年）　作品数五二点、傑作六点、傑作率一一・五％。

明治四五年（大正元年）　作品数五二点、傑作六点、傑作率一一・五％（第一次…作品数二二点、傑作三点、傑作率一三・六％。第二次…作品数三〇点、傑作三点、傑作率一〇％）。

大正二年　作品数二四点、傑作〇点、傑作率〇％。

大正三年　作品数二四点、傑作二点、傑作率八・三％。

大正四年　作品数三六点、傑作二点、傑作率五・六％。


傑作漫画の点数から見て、大逆事件判決前年の傑作率三一・五％が大逆事件の年に三分の一の一一・五％に激減し、大正に入ると一〇％、〇％、八・三％、五・六％と低調となり終刊する。

表8のように年度別の平均点をA・B・Cの三ジャンルで一覧にまとめてみると、『東京パック』の漫画作品が大逆事件の判決を境に、急速にその諷刺の力を失っていることが

一目瞭然である。第二次『東京パック』の終刊する大正四年には、明治四二年の半分のポイントになっている。大正三年のA（政治諷刺）が少しポイントを回復しているのは、シーメンス事件が起きたためである。使用したサンプル本（日本漫画資料館本）は次のとおりである。

明治四二年　全三六冊中の一六冊
明治四三年　全三六冊中の二七冊
明治四四年　全三六冊中の二六冊
明治四五年（大正元年）　全三六冊中の二六冊
大正二年　全三六冊中の一二冊
大正三年　全三六冊中の一二冊
大正四年　全二八冊中の一八冊

以上、合計二四四冊中の一三七冊、五六%のサンプルであるから統計学的にも信頼性を十分もつと考える。

表1　『東京パック』第5巻（明治42年）の諷刺性評価（★＝傑作）

号数	発行日	表紙	評価	見開頁作品	評価
8号	3月10日	麻疹の内容	C－4	お主義の身売	A－7
18号	6月20日	新聞記者の嵌口★	B－8	警察官の健康診断	B－7
21号	7月20日	日本武士の男振	A－5	渋沢栄一諷刺画	C－5
22号	8月 1日	人形と議論	A－7	海軍前	A－6
23号	8月10日	新羽衣	C－4	月世界に於る演説★	A－10
24号	8月20日	実業団渡米の結果	B－7	ビール阿蘇に出現	B－6
25号	9月 1日	藤公が糟糠の菜★	C－6	三大厄	A－6
26号	9月10日	雨井夫婦	C－3	旦那の喜憂★	C－6
27号	9月20日	政友怪	A－7	切捨御免	B－7
28号	10月 1日	子はかすがひ	A－6	首相頭脳の解剖★	A－10
29号	10月10日	天狗猿となまけもの★	C－6	ポケット論語	B－7
30号	10月20日	米国海軍に建策す	A－4	豊年の精	A－8
31号	11月 1日	伊藤公肖像	C－2	両雄冥府の握手	A－4
32号	11月10日	もつたいねェなァ	A－8	政友丸の難船	A－8
34号	12月 1日	あはれなるかな腰弁★	B－8	みつるか欠けるか★	B－8
35号	12月10日	洋行もどり気質	C－4	お国気質	A－8

表2　『東京パック』第6巻（明治43年）の諷刺性評価（★＝傑作）

号数	発行日	表紙	評価	見開頁作品	評価
1号	1月 1日	戌歳	C－2	鶏屋の当惑	A－2
3号	1月20日	税制整理★	A－10	両大理想の発現	A－4
4号	2月 1日	餓たる獅	B－6	米国の東洋政策	A－6
5号	2月10日	とられるものは命ばかり	A－9	中等農民の収支計算★	B－8
6号	2月20日	聴衆なき大道演説★	B－8	首相の八面観	A－8
7号	3月 1日	無精なる煙草専売吏	B－6	日英博覧会落第品	A－5
8号	3月10日	神変白駒大菩薩像	C－3	ライジュウムの発明	C－2
10号	4月 1日	活動写真と実物教授	A－6	危険極まる文壇★	B－8
16号	6月 1日	独帝の新希望	A－5	井口女史の結婚	B－7
17号	6月10日	韓皇の勅語	A－3	和気藹々	A－5
18号	6月20日	黄金の魔力	C－3	珍妙夢の鉢合せ	C－4
19号	7月 1日	現代的貴顕★	C－6	憐むべきやせ馬★	A－10
20号	7月10日	ほてり★	C－6	暑中の乗合馬車★	B－8
21号	7月20日	有髯男子の瞳若	B－7	将来の婦人問題	B－7
22号	8月 1日	新狂指揮	A－5	大統領の虎狩	A－3
23号	8月10日	昔を忍ぶ文殻★	C－6	土用干三人上戸★	C－6
24号	8月20日	（海辺のお転婆娘）★	B－8	後藤男爵守	A－8
25号	9月 1日	合那の岩戸関	A－2	是では先生が無理だ	B－6
26号	9月10日	廂の変遷	B－7	結婚の当時	A－2
27号	9月20日	紺屋の腕次第	A－1	おそるべし白蟻★	B－8
28号	10月 1日	虚栄に捕はれた女子	C－3	植物学者と珍草★	B－8
29号	10月10日	売卜者は色魔★	C－6	子育地蔵尊縁起	B－4
30号	10月20日	（狩の収穫）	C－3	大強盗と小強盗	A－6
31号	11月 1日	（日英同盟の危機）	A－8	露天禁止後の小商人★	B－8
32号	11月10日	バラに刺あり★	C－6	たよりなし独身主義★	C－6
33号	11月20日	奥様の権幕	A－7	陸海軍と飛行機	B－6
35号	12月10日	見え坊	A－7	車夫の自動車乗り	C－2

注　（　）は仮タイトル．

表3 『東京パック』第7巻（明治44年）の諷刺性評価（★＝傑作）

号数	発行日	表紙	評価	見開頁作品	評価
1号	1月 1日	外面如菩薩	C－4	干支★	C－6
2号	1月10日	桂太郎	A－6	ウソップ物語★	B－8
3号	1月20日	婚期を急ぐおしな嬢	A－5	聖代のヌエ	A－7
4号	2月 1日	節分★	B－8	あざけられる案山子	A－6
5号	2月10日	校長さんと本屋さん	A－7	諸先生の御境遇	B－7
6号	2月20日	雛の押売り	A－6	浅野山の噴煙★	B－8
7号	3月 1日	冷汗が薬となる	A－4	国会寺の空供養	A－5
8号	3月10日	隠しても隠されない	A－4	希代の妖術	A－5
9号	3月20日	清国の内憂外患	A－4	夢が実現したら	B－4
13号	5月 1日	満州豚の切売り	A－4	飾物が減る	A－4
14号	5月10日	理想の内閣	A－6	ウンといつた	B－5
15号	5月20日	衣更へ	A－6	東海道絵師の旅	B－5
17号	6月10日	処女!!!最も権威あるもの	B－7	女の権利と義務★	B－8
18号	6月20日	露帝戴冠式	A－2	黄白戦争夢と化す	A－4
19号	7月 1日	下足院議員	A－8	朝鮮の総督政治	A－2
20号	7月10日	バンカラのバン亦	B－6	蛮勇	A－7
21号	7月20日	窮して濫す	A－8	三十年後の交通機関	B－4
22号	8月 1日	美人か佝僂か	C－2	また一ッ増さねばなるまい	A－7
24号	8月20日	仲裁条約	A－4	荒蕪地を引受ける人	A－6
25号	9月 1日	ボロ隠し	A－5	御座船のお出迎	A－4
26号	9月10日	猫とオールドミス	C－3	なまぐさい風	A－9
29号	10月10日	嗚呼生活難★	B－8	列車の中で大立廻り	A－5
30号	10月20日	劇界の過渡時代	B－5	当世俳優名人鑑	C－3
32号	11月10日	検査役の居眠り	A－5	支那のワシントン	A－4
33号	11月20日	破壊して支那を救ふ	A－4	女房の度胸試し	A－8
34号	12月 1日	袁総理の心事	A－4	支那の未来	A－2

表4　『東京パック』第8巻（明治45年・大正元年）の諷刺性評価（★＝傑作）

号数	発行日	表紙	評価	見開頁作品	評価
1号	1月 1日	初日の出	C－1	時砲	A－3
2号	1月10日	人生は夢より夢に入る	C－3	大友美留君の夢	C－3
3号	1月20日	廃娼廃娼	B－5	将棋に夢中	A－4
4号	2月 1日	常磐となつて旦那を売る	B－5	宗教利用の政策	A－7
5号	2月10日	患者のいがみ合ひ	A－4	酒呑の生涯★	C－6
7号	3月 1日	袁世凱の幕外六法	A－4	対支那外交の縮尻	A－5
8号	3月10日	煙草呑む女	C－4	ニコチン中毒政府	A－8
9号	3月 20日	ああ可憐娘の一升買★	B－8	袁公と園公のナタ	A－5
10号	4月 1日	春蒔の草花	B－3	理想的選挙法	B－5
11号	4月15日	父なき家庭	B－5	捨てたい子宝★	B－8
13号	5月 1日	一人娘に婿八人	B－6	有難い拷問	B－4
14号	6月 1日	怖い顔	A－4	うまく出来るかしら	A－4
15号	6月10日	一大疑問	A－5	飛行機揚らず	A－4
16号	6月20日	東京市長募集	B－6	何の調査ぞ★	B－8
17号	7月 1日	もみと宝石	B－6	荒される	A－7
18号	7月10日	残酷！　残酷！	A－5	道楽二十五人男	C－3
19号	7月20日	海浜の夕	C－3	富士山の新設計	B－5
20号	8月 1日	（明治天皇逝去）	B－3	臆病者の狼狽	A－3
22号	9月 1日	隠さうとしてゐる	A－5	謎の桂公爵	A－9
24号	9月20日	ああ乃木大将	B－3	乃木大将の血の影響★	B－8
25号	10月 1日	大正未来の新しい女と男★	B－8	未来の支那	A－4
26号	10月10日	市に三虎	B－4	まづい展覧会	A－7
28号	11月10日	宮内省の廓省	A－5	厄介な卵	A－6
29号	11月20日	新大統領の顔の両面	A－7	大演習――大演醜	B－7
30号	12月 1日	上に注意せよ	A－6	戦神の足跡	A－4
31号	12月10日	歳晩の頭	C－4	歳末の金が逆だつたら	B－2

注　14号より第2次『東京パック』となる．

表5　『東京パック』第9巻（大正2年）の諷刺性評価（★＝傑作）

号数	発行日	表紙	評価	見開頁作品	評価
5号	2月10日	今浄海	A－6	大正の七不思議	A－8
9号	3月20日	放火！また放火	B－4	政友鵜飼	A－4
10号	4月 1日	春の顔	C－2	未成年者飲酒取締法	B－3
16号	6月 1日	軍人のさばる	B－6	排日案	A－4
19号	7月 1日	加藤外交	A－5	山本と山県	A－5
20号	7月10日	楠瀬の増師	A－5	中国と列強	A－4
24号	8月20日	命の綱渡り	A－4	政界の近江八景	A－5
25号	9月 1日	陸軍増師・海軍拡張	A－7	珍兵器	B－6
27号	9月20日	牧野外交	A－3	表向きと内証の幕	B－4
28号	10月 1日	袁への外相抗議	A－6	後藤新平男爵	A－4
34号	12月 1日	米の武力干渉	A－5	歳末の大演醜	B－6
35号	12月10日	金の有難味	B－6	原と山本	A－7

表6　『東京パック』第10巻（大正3年）の諷刺性評価（★＝傑作）

号数	発行日	表紙	評価	見開頁作品	評価
2号	1月10日	錠形の横綱	A－7	これからの戦争	C－2
3号	1月20日	応急手当	A－8	斎藤海相と山本首相	A－6
6号	2月20日	壇上の山本首相★	A－10	弾劾案討議	A－8
7号	3月 1日	大正博覧会みやげ★	A－10	内閣追求の衆貴両院	A－7
13号	5月 1日	墨田堤	B－4	大隈内閣	A－5
16号	6月 1日	大隈対原	A－3	大隈内閣の宣伝	A－5
17号	6月10日	外相の対支料理	A－3	政界花札	A－8
23号	8月10日	増師か営業税全廃か	A－3	欧州の大乱	A－4
27号	9月20日	英国の覚書	A－2	青島風聞漫画	A－5
28号	10月 1日	青島を一呑み	A－5	ドイツ敗退	A－3
31号	11月 1日	青島陥落はいつ？	A－5	世界絵画展	A－5
32号	11月10日	外交不振	A－6	印度洋茫々	A－4

表7　『東京パック』第11巻（大正4年）の諷刺性評価（★＝傑作）

号数	発行日	表　紙	評　価	見開頁作品	評　価
1号	1月 1日	日本を救ふ薬	A－2	はねる可し	B－3
2号	1月10日	加藤外相	A－6	日兵招致説	A－4
4号	2月 1日	代議士候補	B－4	大隈豆	A－5
6号	2月20日	浅間艦事件	A－5	支那の運命	A－3
7号	3月 1日	支那不遜	A－4	政界の汐干狩	A－5
8号	3月10日	選挙の日近づく	A－3	後藤男爵の第三党説	A－5
10号	4月 1日	仮面をはげ	A－5	馬から落ちるぞ	A－3
11号	4月10日	お大名行列	A－4	何が折り合はないのか？	A－3
12号	4月20日	東京市長選考難	B－3	蛇穴を出ず	A－3
13号	5月 1日	とんだ金太郎	A－4	支那の空頼み	A－3
14号	5月15日	ホラの吹き負け	A－5	歪つな車輪	A－5
15号	6月 1日	義足に喰ひついたつて	A－6	無色透明	A－6
17号	7月 1日	官業整理のビリケン様	A－7	猿爺の旗振	A－6
18号	7月15日	黄金魔★	B－8	隈閣の内憂外患	A－8
21号	9月 1日	内閣改象に乗つて	A－6	パック時事	B－4
22号	9月15日	不思議？勝つた方が泣く	A－5	地獄の釜のフタが開いて	A－5
24号	10月15日	熊が出るか狐が出るか	A－7	女給料取りのいろいろ★	B－8
25号	11月 1日	居眠りか偽りか	A－5	浅草に現はるる新女優二人	B－5

表8　年度別平均点

年　度	A	B	C	合計点
明治42	6.93	7.25	4.44	18.62
43	5.55	7.06	4.27	16.88
44	5.24	6.38	3.40	15.02
明治45・大正元	5.21	5.40	3.25	13.86
大正 2	5.13	5.00	2.00	12.13
3	5.55	4.00	2.00	11.55
4	4.76	5.00	0	9.76

図9　新聞記者の嵌口（北沢楽天，『東京パック』明治42年6月20日号）

口輪をはめられて暑さに苦しむ犬と，同様な新聞紙法によって口を封じられる新聞記者．

図10　天狗猿となまけもの（北沢楽天，『東京パック』明治42年10月10日号）

男を小馬鹿にする女子学生（上野の音楽学校学生らしい）と，親のすねをかじって昼間はゴロゴロし，夜になると女遊びをする男子学生．どちらも無益有害の存在であると諷刺．

図11　税制整理（北沢楽天，『東京パック』明治43年1月20日号）

第26帝国議会で政府は明治43年度の予算案を提示したが，その主眼は税制整理（減税）1000万円，行政整理（行革）600万円，官吏増奉900万円などにあった．この予算成立にあたって，政友会が地租軽減を強く主張し，桂首相は頭を痛めている．

図12　聴衆なき大道演説（北沢楽天，『東京パック』明治43年２月20日号）

人さびしい大道演説の前を上流の若いカップルが通り過ぎ，その姿を気にかける演説者．現代にも通じる政治への無関心．

図13　海辺のお転婆娘（北沢楽天，『東京パック』明治43年 8 月20日号）

「潮焦（や）けの顔は都にかへれば元にかへれども，浄められぬは心霊のけがれ，さても」とある．最新の海浜ファッションである．

図14　浅間山の噴烟（北沢楽天，『東京パック』明治44年2月20日号）

深川の浅野セメントの煙突から噴き出す灰で，深川地区だけでなく日本橋区まで被害が及んでいることを諷刺．明治の公害問題を追及している．

図15　処女!!!（北沢楽天,『東京パック』明治44年６月10日号）

婦人運動，女権獲得運動が社会の中で目立つようになって，その特集号が生まれた．しかし，主筆の北沢楽天は，「処女!!!　それが女の最も権威あるものである」と主張するように，その運動に冷ややかであった．

図16　嗚呼生活難（北沢楽天，『東京パック』明治44年10月10日号）
米価狂騰が庶民生活を直撃．質屋通いで食いつなぐ人を描いたものだろう．

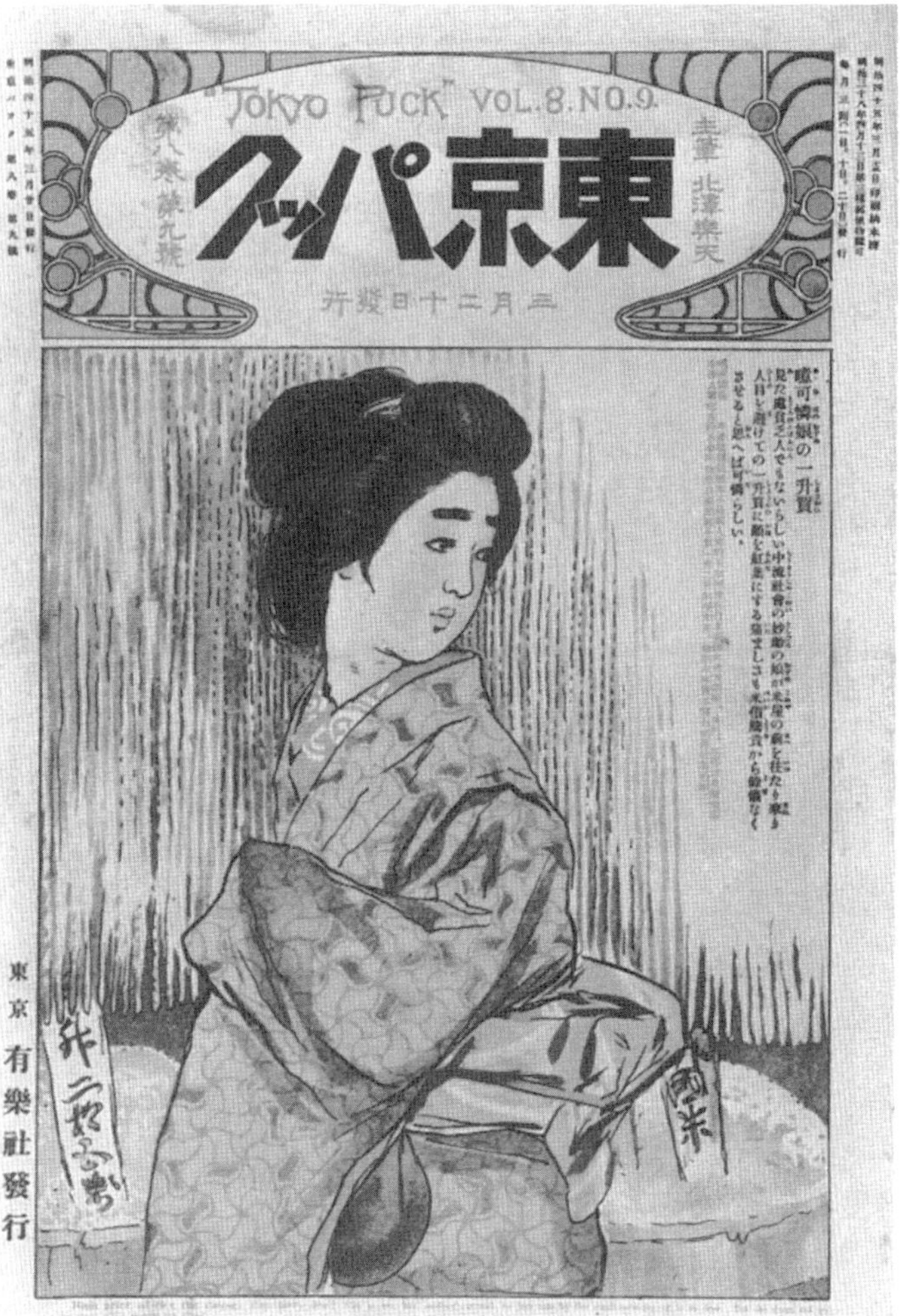

図17　ああ可憐娘の一升買（北沢楽天，『東京パック』明治45年３月20日号）

中流家庭の娘が恥ずかしそうに米の一升買い．米価高騰がもたらした厳しい社会の一面．

図18　捨てたい子宝（北沢楽天，『東京パック』明治45年４月15日号）

生活難が子供の多い家庭を直撃している様子を描いている．

図19　何の調査ぞ（北沢楽天，『東京パック』明治45年6月20日号）

米価騰貴が極に達し窮民は餓死寸前なのに，政府は貧民調査のほかに何の策もない．

図20　大正未来の新らしい女と男（筆者不詳，『東京パック』大正元年10月1日号）

男らしい女，女らしい男が登場してくるだろうと，大正のこれからを予測している．

図21　壇上に立てる伯山本権兵衛（小川治平，『東京パック』大正3年2月20日号）

1月23日，ドイツの兵器会社シーメンス社から海軍要人が収賄したというロンドン電報を新聞各紙が報道し，事件に発展した．議会で追及される山本首相．3月24日に山本内閣は総辞職した．

図22　大正博覧会みやげ（小川治平，『東京パック』大正３年３月１日号）

口銭（手数料）をくわえた山本首相人形．３月20日から上野公園ではじまる大正博覧会のみやげにピッタリだと，シーメンス事件を諷刺．

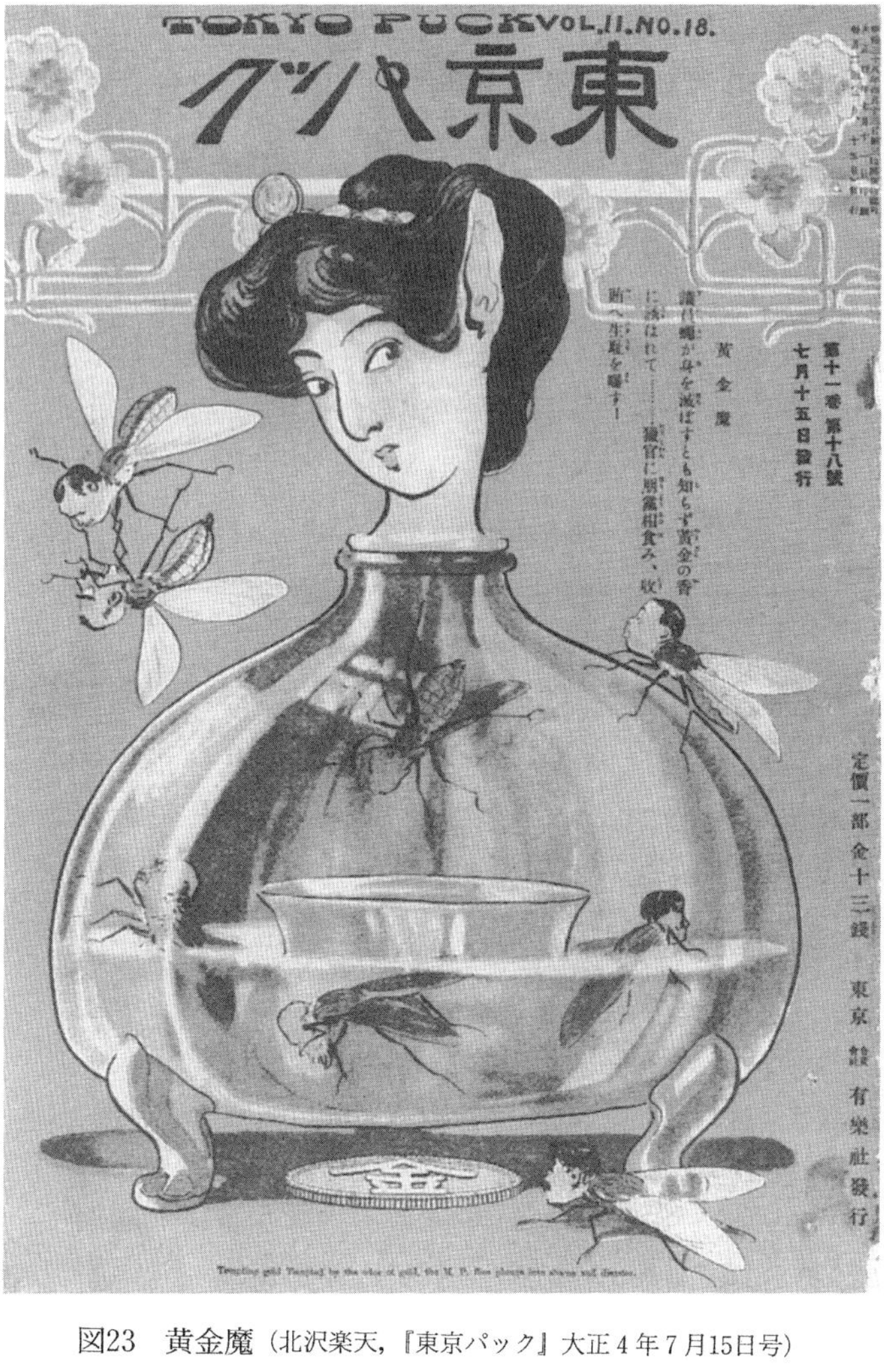

図23　黄金魔（北沢楽天，『東京パック』大正4年7月15日号）
金の魔力のために官職を争い，収賄に生恥をさらす議員たち．

図24　女給料取りのいろいろ（北沢楽天，『東京パック』大正４年10月15日号）

大正初期の女性労働者の給料比較図．水商売や公務員は高く，給仕や女工は低い．裸体モデルも薄給である．

『大阪滑稽新聞』の発売禁止

大逆事件の判決が明治四四年一月一八日に出たあと、『大阪滑稽《こつけい》新聞』はどんな反応を示したのであろうか。同誌は宮武外骨が明治三四年に創刊した『滑稽新聞』を明治四一年に〝自殺廃刊〟して、その直後に創刊したもので、明治四三年の第三一号まで外骨が主筆としてかかわった。そのあとを引き継いだのは板橋菊松である。彼は関西大学から東京の中央大学に移籍して学んだ人物で、在学中から『滑稽新聞』に「ヤングナイチン」名で寄稿し、外骨の信頼の厚い人物であった。

大逆事件後の事件への初論評は、同誌第五五号（明治四四年二月一日）に出る。活殺外史（板橋の筆名）の名で、かなり抑制のきいた次のような論調が載る。

世界に冠たる日東の大帝国が、有史以来初めて遭遇した、いはゆる大逆事件も、幸ひなるかな、公明正大なる判官諸氏の裁断によつて、ここに一段落を見るに至つたのは、何より以て喜ばしきことである。……思へば腹も立ち、また情無くもあるが、彼等逆徒とてまた陛下の赤子、決して生まれながらの大逆徒でない、決して生まれながらの大痴漢でない。……一月十九日の『大阪朝日新聞』は、本件の弁護人たりし川島阡司氏の談として「本事件の審理に就ては自分は不満はない。しかし世の政治家、学者に対して不満である。何ゆゑに忠君愛国の臣民を有する我国に於て、かくのごとき事件を生ずるに至つたか。その原因にさかのぼつて之《これ》を探究することは、活ける政治家、学者の任務ではあるまいか云々」と掲載してゐたその原因とは何?――吾輩の所信を披瀝してみよう。

我国は言はずと知れた立憲君主国であるが、悲しいかな、今もつて立憲君主国の実があがらぬばかりか、日は一日と忌はしい寡頭政治、富豪政治に傾いて行くやうである。かくては特別階級の一部少数人の幸福は際限無く増進されるが、多数の国民は相も変らず可斂誅求《かれんちゆうきゆう》の痛苦を受けて憤悶に憤悶を重ねてゐる。すなはち吾輩は、今回の大逆事件を以て此ら憤悶者中ある一部の爆発したものと推察するのである。したがつて、既往及び現在の内閣員らもまた是が責の一半を負はなければならぬと極言すると共に、現内閣員らが誠心誠意、速かにこぞつて引責辞職せんことを勧告する。

この文の後半の所信表明部分が問題だったのだろう。第五六号（明治四四年二月一五日号）には次のような社告が出る。

二月一日発行本誌第五十五号は不幸にして又々発売頒布を禁止せられ候、政府者の神経斯《かく》の如《ごと》く過敏ならんか、発売禁止は相踵《つ》いで来《きた》り、我社同人が年来の主義主張も終《つい》

図25　嗚呼無用の長物（筆者不詳,『大阪滑稽新聞』明治44年5月1日号）

ジャーナリズム取り締まりの総元締めの日常スケッチ．当局を怒らせ発禁処分となる．

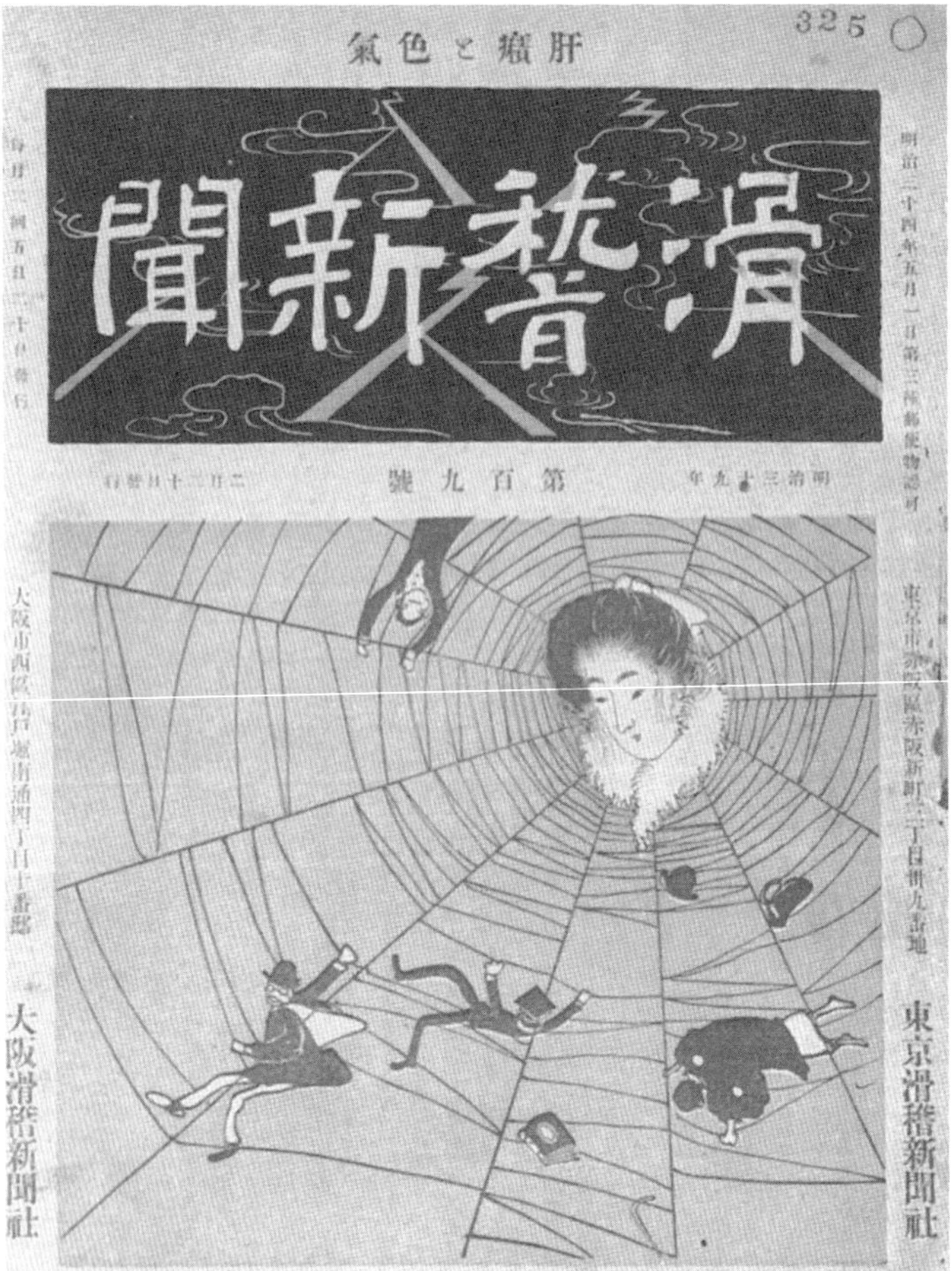

図26　『滑稽新聞』表紙（筆者不詳，明治39年２月20日号）

図27　『大阪滑稽新聞』終刊まぎわの表紙（筆者不詳，『大阪滑稽新聞』大正2年7月15日号）

表紙画からも諷刺の要素が消えていた．

には水泡に帰する虞《おそれ》無しとせず、於茲乎《ここにおいて》一同鳩首凝議の結果、来る三月一日より社主の変更と同時に大改革を断行し、所謂漸進主義に拠つて当初所期の目的に向つて進むことと相成候間《あいなりそうろうあいだ》左様御承知被下度候《くだされたくそうろう》

尚ほ詳細は次号の紙上に於て発表可致候《いたすべくそうろう》

敬白

明治四十四年二月　　滑稽新聞社

終刊への道

第五五号の発売禁止が『大阪滑稽新聞』を窮地に追いやったことをこの社告が物語っている。そして、社主を宮武外骨から田中水也に譲渡させ、外骨は完全に滑稽新聞社から退かされることになる。

なお、第五七号の巻末には「無関係（広告）」と題する宮武外骨の次のような（広告）文が掲載されている。

小生は一昨年十二月以来、滑稽新聞の編輯を止めて、専《もつぱ》ら浮世絵探究及び著作に従事し、小生は単に社主たるのみにて、社務一切は田中水也に一任せしが、去る二月一日同人の希望により、本社社主の権を同人に譲渡し、爾後《じご》表裏とも一切関係なき事とせり

尚本誌前号（第五六号）所載の社告は小生の同意したるものに非《あら》ざることを言明す
宮武外骨

これによると、外骨は田中水也に持主の権利を譲っただけで、社主は依然として自分であると強弁している。この文にならべて田中水也が「前社主宮武外骨氏より全権を譲り受けたのであって、私が社主である」という謹告文を載せている。

かくして、第五七号（明治四四年三月一日号）からは、表紙レイアウトがガラリと変わる。外骨の去った『大阪滑稽新聞』は、罵倒文にも諷刺画にも迫力を欠いていく。明治四四年五月一日号（第六一号）が危険思想取締専任高等警察官を諷刺した画「嗚呼《ああ》無用の長物」（図25）で発売禁止になったほかは、波乱のない編集を続けた。諷刺の対象を女権運動のリーダーたちに向けたり、女流歌手として脚光を浴びてきた柴田（三浦）環《たまき》の私生活に向けるなど、弱者たる女性への攻撃に堕落したと言わざるをえない。

かくして『大阪滑稽新聞』は、大正二年九月一五日号（第一一六号）で終刊する。

漫画の再生

岡本一平の登場

ストーリー漫画の祖

岡本一平（一八八六～一九四八）は、その妻である歌人で小説家のかの子、息子である画家の太郎ほど現代の人々に知られていない。一平の評伝や作品集が出ているにもかかわらず、テレビの人物紹介番組では、岡本家の場合はいつもかの子か太郎が主役である。一平が生み出した漫画は、現代に多大な影響を与えているにもかかわらず、一平を中心にした紹介がない。

この二〇年ほどの間に、日本のコミックが世界中にそのファン層をひろげてきたが、日本に質の高い漫画が登場するのは大正期である。この時代、とくにナンセンス漫画、ギャグ漫画（コマを使ったナンセンス漫画）の分野の質を高めたのが一平であった。一平が大衆から知識人層、婦人層にまでファンをひろげる上質のユーモア精神を込めたナンセンス漫画、ギャグ漫画そしてストーリー漫画を生み出した背景には、彼が二四歳のときに出くわした大逆事件とその判決への衝撃があったことは想像に難くない。

彼の漫画創造の経過を、近代の漫画史の流れの中で見てみよう。

「コマ画」の流行

「鳥獣人物戯画」に代表されるように、日本には古くから戯画が存在していた。「信貴山《しぎさん》縁起絵巻」「百鬼夜行絵巻」など、戯画絵巻の名作も数多く生み出されている。しかし、これらの肉筆戯画はごく限られた人々の観賞物であって、一般の人々が戯画を楽しむようになるには、版画技術の成熟を待たねばならなかった。

木版刷による複製戯画が日本に登場するのは江戸中期のことで、岡本一平がその作画の手本にした松屋耳鳥斎《にちようさい》の『絵本水也空《みずやそら》』がそうした複製戯画のひとつとして出版されたのは安永九年（一七八〇）のことである。

幕末の天保期から慶応期になると、幕藩体制弱体化の進行が、幕政批判や時局をテーマにした諷刺画を生み出し、木版諷刺画が盛んに版行されるようになる。さらに、近代に入ると、戯画、諷刺画は新聞、雑誌というジャーナリズムの中に新たなる発表の場を得る。

図28　『団団珍聞』創刊号表紙（筆者不詳，明治10年３月24日号）
３月14日とあるが，３月24日の誤り．本文で訂正している．

図29　小川芋銭のコマ画（高浜虚子編『さしえ』明治44年，光華堂）

図30　ほととぎす
（小杉未醒，『漫画一年』明治41年）

活版刷、石版刷といわれる大量印刷方式と、日刊、週刊、月刊という速報体制によって、時局をテーマにした戯画がますます民衆の注目を集めるようになり、漫画、諷刺画を売り物にする新聞、雑誌まで登場するようになる。

岡本一平が生まれ育った時代はまさしくそうした時代であり、『団団珍聞《まるまるちんぶん》』（図28、明治一〇〜四一年）、『滑稽新聞』（明治三四〜大正二年、明治四一年より『大阪滑稽新聞』と改題）、『東京パック』（第一次、明治三八〜四五年）といった諷刺雑誌が人気を集めていた。

近代の諷刺画がもっとも活気づいた時代の一つは自由民権期であった。『団団珍聞』は自由民権運動を支援する諷刺画を載せて人気を博したが、明治二二年の大日本帝国憲法発布によって自由民権運動は終わり、諷刺画もその勢いを失っていく。かわって明治二〇年代後半ごろから新聞や雑誌の中に新たに登場した大衆絵画が「コマ画《え》」と称するカット風の一枚絵で、記事とは独立した一種の詩画であった。高浜虚子の『ホトトギス』（明治三〇年創刊）には浅井忠、中村不折《ふせつ》、小川芋銭《うせん》（図29）、橋口五葉、小杉未醒《みせい》（図30）らが、また与謝野鉄幹の『明星』には長原孝太郎、結城素明、藤島武二、石井柏亭らが登場して、それぞれコマ画を美術的に水準の高いものにしていく。明治三〇年代末には、竹久夢二が『週刊平民新聞』『東京日日新聞』などにコマ画を描きはじめ、明治四〇年代に入ると小杉末醒が『冒険世界』『文章世界』『笑』などに戯画風のコマ画を寄稿しだすというふうに、コマ画は広がっていった。

明治三九年（一九〇六）四月、東京美術学校西洋画科に入学した岡本一平は、こうしたコマ画にも興味を示し、とくに小杉未醒のコマ画に大きな関心を寄せた。美術学校四年生のとき、一平は『東京朝日新聞』に半年間にわたってコマ画を寄稿している。一平が大衆絵画とかかわるのは、こうしたコマ画からであった。コマ画は大正に入ると抒情画と漫画に分化していく。前者の代表は竹久夢二であり、後者の代表になったのが一平であった。

明治初期における新聞と雑誌の区別は判然としない。明治一〇年（一八七七）に創刊された時局諷刺週刊誌『団団珍聞』などは週刊新聞の意識があったと思われる。創業者の野村文夫は、『団団珍聞』の人気の高まりにつれて月五回刊を実行し、いずれは日刊化をめざしたいと思っていたと語っているから、明らかに新聞人として活動したものと思われる。『団団珍聞』が漫画、諷刺画を売り物にして成功していくと、新聞各社も紙面に漫画や挿絵、そしてコマ画を積極的に入れるようになる。

北沢楽天の影響

明治二〇年代から三〇年代にかけて、新聞各社は漫画の描ける画家を専属にして活動の場を与えていく。『二六新報』の長原孝太郎、『時事新報』の今泉一瓢《いっぴょう》・北沢楽天、『中央新聞』の田口米作などである。なかでも、明治三二年に時事新報に入社した北沢楽天の活躍はめざましかった。彼は大野幸彦の大幸館で洋画の基礎を学び、井上春端《しゅんたん》に日本画を学んだ。そして横浜で知り合ったオーストラリア出身の画家フランク・ナンキベルに漫画を学び、横浜居留地の英字新聞『ボックス・オブ・キュリオス』で漫画を担当することになる。そこでの仕事ぶりを知った福沢諭吉が時事新報に呼びよせたのである。

楽天は当初、今泉一瓢のあとを継いで、一枚絵の政治諷刺画、世相諷刺画を担当したが、明治三五年（一九〇二）に創設された日曜ページ「時事漫画」でコマ漫画、ジョーク漫画（漫画入り笑い話）、連載コマ漫画など主としてアメリカの最新漫画スタイルの影響を受けた作品をつぎつぎに発表していく。とくに「杢兵衛田吾作の東京見物」「灰殻木戸郎《はいからきどろう》の失敗」「茶目と凸坊」といったキャラクター漫画で人気を博した。

楽天の旺盛な活動は新聞だけにとどまらなかった。明治三八年、彼はスポンサーをつかんで時局諷刺雑誌『東京パック』（図31）を創刊する。大型サイズ（B4判）で全ページカラー、全ページ漫画という豪華版であった。たちまち人気を博し、最初月刊だったのが翌年から月二回刊、創刊二年目から旬刊になった。この雑誌の漫画のキャプションには中国

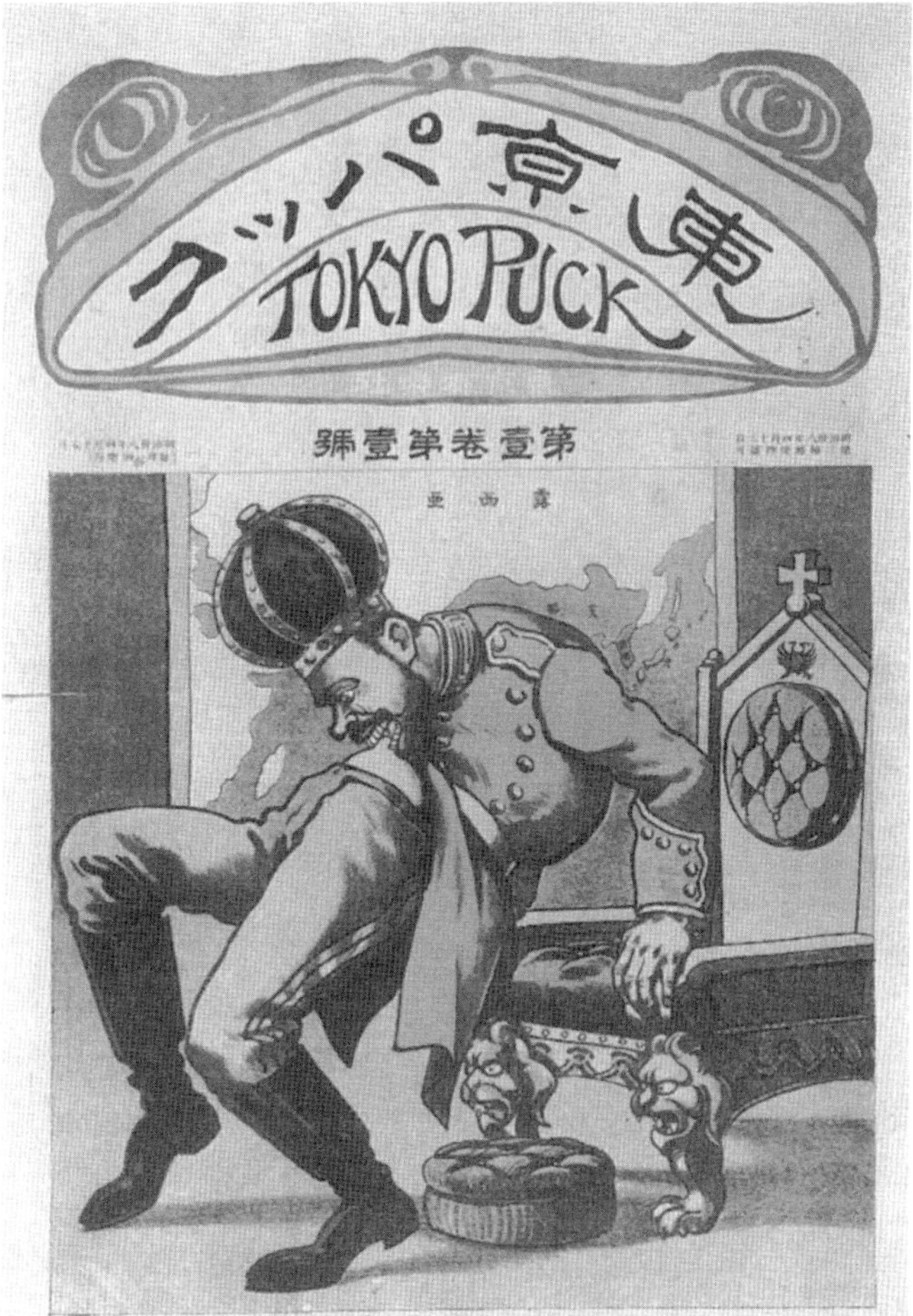

図31　『東京パック』創刊号表紙（北沢楽天，明治38年4月15日号）

語と英語が併記され、朝鮮、中国大陸、台湾でも販売された。その後海外で、『京城パック』『上海パック』『台湾パック』などが刊行されたことでもわかるように、『東京パック』はアジア各地に影響を与えた国際雑誌でもあった。

『東京パック』は『大阪パック』（図32）、『ハーピー』などの漫画雑誌の創刊を促し、明治末期に漫画雑誌ブームを引き起こした。このような時代に岡本一平は美術学校で洋画を学び、コマ画の作家として大正元年（一九一二）に朝日新聞社に入社する。小杉未醒が人気コマ画作家として新聞、雑誌で活躍し、その作品をつぎつぎと漫画集として出版していた時代、北沢楽天という漫画を職業とする天才が登場したのである。彼らの仕事が若き一平に、画家として生きる新しい道を選択するうえで大きく影響していく。

明治四三年（一九一〇）三月二九日、一平は東京美術学校西洋画科選科を卒業した。伊藤博文がハルビン駅頭で暗殺されたのが五ヵ月前で、その犯人安重根が処刑されたのは三日前のことである。この年、最大の事件ともいうべき大逆事件の逮捕が始まるのは二ヵ月後のことであった。

卒業後、一平は恩師和田英作の指揮のもとで帝劇の建築装飾画制作に一年間ほど従事し、その完成後引き続き帝劇背景部に所属して芝居の背景画を描いていた。卒業の年の夏、大

図32　『大阪パック』創刊号表紙（筆者不詳〈赤松麟作か〉，明治39年11月3日号）

貫かの子を入籍している。妊娠したことがわかったためである。暮には和田英作の媒酌で結婚式をあげた。翌明治四四年二月二六日に長男太郎が生まれ、生活に追われる毎日となった（図33）。このころ一平は、美術学校の同級生たちと『読売新聞』に美術論を発表したり、雑誌『新潮』に挿絵を描いたり、城東小学校の同級生名取春仙、仲田勝之助と共著で『漫画と訳文』（石川文栄堂、明治四四年）を出版している。帝劇背景部は臨時雇いであったから収入も少なく、さまざまなアルバイトをして生活費を捻出していたのである。そんな一平にある日、幸運の女神が訪れる。東京朝日新聞社からの入社の誘いである。

漫画漫文　当時、『東京朝日新聞』の挿絵を担当していた河合英忠が退職するということで、同社社会部長の渋川玄耳《げんじ》が後任探しを行なった。渋川は、一平が同紙の明治四二年に寄稿したコマ画や雑誌（『新潮』などだと思われる）に描いている絵に才能を感じ、一平の小学校での同級生名取春仙を通じて入社の交渉を行なった。名取は当時、『朝日新聞』の新聞小説（夏目漱石、正宗白鳥など）の挿絵を担当していた。一平はそのとき、三年間ほどの腰掛のつもりで入社したという。

大正元年（一九一二）八月一日、入社当日の紙面に、「黒きリボンと愁《うれい》たき顔」（図34）と題するコマ画が掲載された。黒いリボンを髪につけて沈んだ表情の若い二人の娘を前面

図33　岡本一平一家（岡本敏子氏蔵）

左から一平，太郎，かの子．昭和5年元旦，欧州に向かう船上で．

図34　黒きリボンと愁たき顔（岡本一平，『東京朝日新聞』大正元年8月1日号）

に配した東京市街スケッチが、みずみずしいタッチで描かれている。続いて、東京の貧民街を探訪するもの、天皇葬儀の模様、殉死した乃木大将葬儀レポートなどをコマ画として描いた。

毎日コマ画を描いているうちに、一平は風俗世相や事件をコマ画という一枚の絵の中に表現するには限界があることを早くも感じていた。

詩情をたたえた街角風俗、若い娘たちの風俗、すがすがしい自然の点景、働く人々の見える風景といったテーマを一平は抒情画風に描いてきたが、そうした表現は社会への見方が一面的になることに気がつきはじめていたのである。さまざまな人々が生きる社会の現実を、一枚の絵の中に表現していくにはどうしたらよいか……。一平の頭にちらついたのは小杉未醒のコマ画だった。『漫画一年』『漫画天地』『漫画と紀行』『詩興漫画』などの画集にまとめられた未醒のコマ画は戯画表現を採り入れた画期的なもので、とくにアール・ヌーボーのスタイルを採り入れて新鮮な印象を与えていた。そこで一平は未醒風の戯画表現を参考にしたコマ画を試みはじめた。アール・ヌーボーと未来派表現の中間をゆくような一平調の戯画スタイルが徐々にできあがっていくが、今日は抒情画風、明日は戯画風といった画調の定まらない作品が大正二年末ぐらいまで続いた。

「寒い商売」シリーズでは、戯画スタイルを使い、やや長めの説明文を付している。

事件を興味深く伝えたり、世相を印象深く描くために試行錯誤が続けられた。一平は読者の反応を気にしながら、しだいに、戯画風に描き、キャプションを長めに付けて補完する方法が好評を博することに気づいていった。そこでさらに文章も読みやすく味のあるものにしようと努力していく。かくして戯画風コマ画にちょっと洒落《しゃれ》た文章をつける「漫画漫文」という一平独自の表現形式が誕生したのである。たとえば、大正二年三月一二日の議会スケッチは「智恵を貸すのか借りるのか？」（図35）と題して、こんな調子で書かれている。

待構へられた権兵衛首相の答弁は要点と要点との間を巧妙な修辞ですり抜けるといふ御座《おざ》なり答弁だつたので林毅陸氏更に再質問を試みる。その演説中急所々々を突かれる度に苦笑した山本首相と原内務とは智恵を貸すのか借りるのか大臣席で議員の手前も憚《はばか》らず何やらしきりに私語する。松田法相は居眠つてるのか、て居ないのか不明。

ちょっと絵は固いが、文章は軽快で発足したばかりの山本内閣の議会対応のとまどいぶりを伝えている。

この解説文入りの斬新な新聞漫画スタイルは、たちまち読者の評判になった。一平の同

図35　智恵を貸すのか借りるのか？（岡本一平，『東京朝日新聞』大正2年3月12日号）

僚の鎌田敬四郎が夏目漱石宅を訪ねると、漱石はこの「漫画漫文」を激賞し、「鋭くて諷刺的だが苦々しいところが無い。そして残酷さがない」と語り、それらを集めて本にしてはどうかと提案するほどであった。かくして一平は出版を決意し、序文依頼に漱石宅を訪れ、心よく引き受けてもらう。

漱石は序文の中でこう記している。

あなたの画には必ず解題が付いてゐます。さうして其《その》解題の文章が大変器用で面白く書けてゐます。あるものになると、画よりも文章の方が優つてゐるやうに思はれるものさへあります。

一平は漱石の序文の中で一ヵ所気にかかるところがあった。それは文章の半ばにある次のような個所である。

普通漫画といふものは二た通りあるやうです。一つは世間の事相に頓着しない芸術家自身の趣味なり嗜好なりを表現するもので、一つは時事につれて其日々々の出来事を、ある意味の記事同様に描き去るのです。時《とき》と推し移る新聞には、無論後者の方が大切でせうが、あなたはその方面に於ての成功者ぢやなからうと私は考へるのです。

これは、一平の漫画家としての才能とその限界をきわめてよく見すかした文章であった。

新聞のコマ画、漫画の描き手として、この一文が一平のその後の作画活動にずしりと重くのしかかるものになった。そして、それをくつがえしてやる、という反発のエネルギーが一平に働き出すのである。それと同時に漱石の創作に興味を持ち出し、漱石作品を読み、しばしば漱石宅を訪ねて親交を深めた。

ナンセンス漫画の開拓

一平の「漫画漫文」という一枚絵漫画は、ナンセンス漫画の新しいスタイルとみてよいだろう。しかも、かなり質の高いナンセンス漫画の登場といってよい。日清戦争後、大衆向け漫画本の「ポンチ」本が多数出て日露戦争まで刊行されるが、それらには「子どもだまし」といわれるような低劣なポンチが多かった。明治初期から「ポンチ」（当初は今日の「時事漫画」といった意味を持っていた）という言葉が流行したが、北沢楽天、今泉一瓢らが、そうした堕落したポンチを見て、「ポンチ」に代わる新しい言葉「漫画」「時事漫画」あるいは「パック」を使うようになっていく。「パック」は『東京パック』の人気から生まれた言葉である。江戸戯画では「百面相」、明治では小林清親《きよちか》の「清親ポンチ」などがナンセンス漫画の系列に入るが、楽天、一瓢はこの分野の漫画はあまり描かず、もっぱら政治漫画、風俗世相漫画の改革に努力していたのである。したがって、一平は近代的ナンセンス漫画へ新たに挑戦したことになる。

漫画家への当局からの干渉は、大正時代においても常に行なわれていた。たとえば、大正一〇年（一九二一）の東京漫画会同人一八名による「東海道漫画旅行」において、一行は行く先々で歓迎会に招かれたが、その際代表として挨拶する一平は、市長、助役、警察署長、市議会議長ら市の要人の前で、「六法全書を読むことなしに漫画を描かせてもらいたいものです」と、漫画家が官憲の圧力をうけている現状をそれとなく牽制する演説をぶっている。

「人間」の諷刺へ

大正元年、新聞紙法のもとでジャーナリストとしての仕事をはじめたころの一平は、権力の側の言論への監視を強く感じていた。新聞報道などで大逆事件の経過をつぶさに知った一平は、コマ画あるいは漫画という思想表現にかかわる芸術を創造することに一抹の不安を感じていたのである。そのため、発想を変えた新しい漫画の創造が必要だ、と考えるようになった。それは、政治や社会を諷刺するのではなく、もっと人間性を見つめて描くこと、すなわち、「人間」を諷刺することに活路があるのではないかと思うようになった。それは、小説家をもめざしたことのある一平にとって当然の成り行きでもあった。

もう一つ、一平が政治や社会を諷刺することにそれほどこだわらなかったのは、彼の生まれにかかわっている。明治の諷刺画家たち、すなわち小林清親、北沢楽天、今泉一瓢、小山正太郎らは幕臣または幕府から恩恵を受けた家の出である。彼らは藩閥政府にそれなりのにがい思いをもっていた。それが彼らの諷刺画を描くエネルギーだった。ところが、一平は文人の家系の出である（父は書家）。藩閥政府に対するうらみなど感じない新しい世代である。それゆえに諷刺の対象を人間に向けたのである。

人間を諷刺する漫画の創造、それはナンセンス漫画の復興であり、大正元年スタートという時期を考えると、欧米のナンセンス漫画が人気を博すのが第一次世界大戦（一九一四〜一八年）後であるので、世界に先行あるいはほぼ同時期の取り組みであったといえる。

一平の漫画漫文スタイルは、大正の漫画界に大きな影響をもたらした。すなわち、漫画家は文章も書けないと一流とはいえない状況になったのである。たとえば、大正六年から一〇年にかけて磯部甲陽堂から出版された「漫画双紙」シリーズで、近藤浩一路《こういちろ》『嫁さがし』、山田みのる『酒の虫』、服部亮英『漫画の兵隊』、在田稠《しげる》『頓智杢太郎』、前川千帆《せんぱん》『漫画風流』、三上知治『七いろ唐辛』、清水対岳坊《たいがくぼう》『焼酎と塩鮭とバナナ』、池部鈞《ひとし》『僕の学生時代』、細木原青起《ほそきばらせいき》『娘ざかり』などでは、漫画家たちは漫画だけでなく漫文、漫文調の随筆を競い合った。吉岡鳥平《とりへい》も大正九年から一〇年にかけて漫画漫文スタイルの『当世百馬鹿』（大明堂）、『甘い世の中』（弘学館）、『お目出度い群』（弘学館）を出し、人気漫画家になっていく。昭和七年（一九三二）の新漫画派集団の結成という若手漫画家たちの新しい波が起こるまで、漫画漫文は漫画表現の主流だったのである。

コマ送りスタイルの発明

漫画漫文に続いて一平が考え出した漫画スタイルに、映画のコマ送りスタイルの表現がある。日本に映画が入ってきたのは明治二九年（一八九六）のことである。京都の稲畑勝太郎がフランスからシネマトグラフを輸入し、四条河原町の電灯会社の庭にスクリーンを張り、試写を行なっている。翌年の新京極東向座での有料初公開は連日の大盛況であった。稲畑はシネマトグラフを「自動写真」と称し、大阪南地《なんち》演舞場でも興行し大評判となった。同じころ、アメリカのバイタスコープも輸入され、大きく映写して見られるので「活動大写真」と呼ばれた。さらに明治三二年の北清事変と明治三七〜三八年の日露戦争の実写活動写真は人気を博し、映画ファンを一気にふやすことになる。

一平はこのような時代に青年期をおくった。夜空に映画館のイルミネーションが輝き、遠くから聞こえる映画館の楽隊がかなでるラッパと太鼓のメロディを聞きながら、恋人のかの子と街を歩いたものであった。この身近に接していた映画から、一平は漫画表現のヒントを得た。大正三年（一九一四）六月四日の『朝日新聞』に「大苦情フィルム」（図36）

図36　大苦情フィルム（岡本一平,『東京朝日新聞』大正３年６月４日号）

①軍配朝潮へ上がる．西の控力士太刀山物言いをつける．時間は４時15分．②東の控力士の四海波と綾川は聞入れず．③４人の検査役士俵に上がり交渉．④検査役全員で行司差違いであることを東の控力士２人に説得するが，聞入れず．⑤観客たち土俵の周囲に集まる．⑥観客代表者が検査役の判断がおかしいと警告する．⑦場内の観客総立ちになる．⑧協議まとまらず検査役と関取り全員退場し，土俵空となる．⑨このため売店が大繁盛．⑩太刀山対四海波の取組を後にまわし，中入り後に取ってほしいと検査役たちが東部屋へ頼みに行く．⑪８時15分となる．⑫８時20分苦情解決し，ようやく太刀山・四海波の取組となる．

と題するコマ漫画を描いている。これは相撲の物言いとその紛糾の経過を映画のコマ送り風に一二コマで表現した新スタイルの漫画であった。

この表現法をさらに発展させたのが大正六年から一一年にかけて『婦女界』に連載された「映画小説　女百面相」である。この作品は映画フィルム風にデザインされたコマに短文が添えられ、五〇コマから一〇〇コマ程度で一話が完結する短編ストーリー漫画であった。添えられた漫文も、まるで活動写真の弁士の語りのような小気味よいリズム感をもって展開されており、映画からヒントを得て、漫画の中にストーリー性を取り入れようとした一平の苦心がにじみ出ている。「映画小説」と冠せられた題名からもそれを読み取ることができる。

ストーリー漫画の誕生

大正一〇年（一九二一）、一平は、長くあたためていた小説に匹敵するようなドラマ性を重視した「漫画小説」を書く準備をはじめる。それは、小説家になることに憧れた少年時代からの夢をいくらかでも実現させることでもあった。文章による創作は、大正八年に『新小説』に連載した「泣虫寺の夜話」が評判を呼んだことから意欲的になる。大正九年には「漫画小説・女の怠業」を『婦女界』に寄稿、長編に取り組む試みを始めていたのである。「漫画小説」は長編の「漫画漫文」ともいうべきもので、漫画と小説との合体という意味をもっていた。題名は「オギアより饅《まん》頭《じゆう》まで」（図37）としたが、途中から「人の一生」にかわる。大正に生まれ育った一人の男の人生、すなわち唯之人成《ただのひとなり》（幹人《みきんど》の長男）という平凡人の誕生、教育、職業遍歴、結婚、子育て、出世、さらには野心（代議士になって活躍）という人生航路をドラマチックに描くのである。

かくして大正一〇年一〇月一七日、日本最初の長編ストーリー漫画「オギアより饅頭まで」が『朝日新聞』に連載された。しかし、大正一一年三月一三日まで連載したところで世界一周旅行（三月一八日出発、七月一八日帰国）のために中断、それに代わってこの年四月から一二月まで、一平は「漫画・世界一周」を七五回にわたって連載している。四ヵ月にわたる執筆のブランクと、「漫画・世界一周」の連載のため、この初の長編漫画は沙汰止みになってしまう。

この後、仕事の多忙、そして関東大震災による避難などがあって、一平はこの長編に取りかかる余裕がなかったが、大正一三年になり、少し落ち着きを取りもどしたため、再び執筆をはじめる。題名を「人の一生」と変え、掲載の場を『婦女界』に移した。連載は大正一三年七月号から大正一五年五月号まで続き、好評だったため翌月号から「続・人の一

オギアより饅頭まで

出生前後（一）

一

今《いま》こゝに一つの生《せい》がこの世《よ》の中《なか》に宿《やど》つたのである。夫《それ》は誰《たれ》が齎《もたら》したのか？　何處《いづこ》より？　何《なん》の爲めに？……此等《これら》の疑《うたが》ひは總《すべ》て神祕《しんぴ》。幕《まく》の彼方《かなた》に問《と》へ。

二

唯野幹人《たゞのみきんど》の妻《つま》、つま子《こ》は妊娠《にんしん》早《はや》五箇月《かげつ》の大鼓腹《たいこばら》である。幹人《みきんど》は食後《しよくご》の煙草《たばこ》を喫《の》み乍《なが》ら育兒法《いくじはふ》の本《ほん》を繰《く》つて居《ゐ》たが、胎內敎育《たいないけういく》の條《でう》に至《いた》つて大《おほ》いに感《かん》じた。

図37　オギアより饅頭まで（岡本一平，『東京朝日新聞』大正10年10月14日号）

生」が始まり、昭和四年四月号まで続く大長編となった。当時の『婦女界』の目次を見ると、「人の一生」は小説の扱いで掲載されている。漫画の部分の表現でもクローズアップやロングショットといった映画的手法も取り入れ、新しい表現法の開拓に腐心していたことが伝わってくる。

日本漫画会の結成

漫画記者の活躍

北沢楽天の『時事新報』での活躍に影響されて、新聞各紙は漫画を入れることに積極的になってきた。漫画執筆のために新聞社が雇い入れる画家を「漫画記者」といった。大正期に生まれた言葉である。彼らは、議会、大相撲、街角風俗などをスケッチし、政治や世相をテーマに一枚絵漫画を描き、一平に影響された「漫画漫文」を描いた。美術学校で一平の同級生だった近藤浩一路は『読売新聞』で、同じく池部（当時は山下）鈞は『国民新聞』で漫画記者をしていたため、顔を合わせると彼らに漫画記者たちの団結を呼びかけるようになった。こうして大正四年（一九一五）六月、一平は東京の新聞各社で漫画を描いている者たちに呼びかけ、東京漫画会という組織を結成するにいたった。日本最初の漫画家団体である。呼びかけに応じたのは、『国民新聞』の平福百穂《ひらふくひゃくすい》、山下鈞、『時事新報』の北沢楽天、岡田九郎、『都新聞』の代田収一、『東京日日新聞』の細木原青起、本間国生、『読売新聞』の近藤浩一路、『やまと新聞』の小川治平らである。その後、彼らの紹介で三上知治（『国民新聞』）、鈴木良治（『時事新報』）、在田稠（『時事新報』）、清水対岳坊（『万朝報』）、太田義一（『報知新聞』）、幸内純一（『東京毎夕新聞』）、下川凹天《へこてん》（『大阪朝日新聞』）らが入会してきた。

会の目的は親睦と情報交換、そして漫画家という職業の宣伝におかれたが、実利的な面がなければ結束が得られないことは一平も十分承知していた。展覧会を開いて漫画原画を売ることもその一つであったが、何よりも漫画家の存在を明らかにし、マスコミなどに漫画の需要を喚起することが先決だと思われた。そこで考えだされたのは、世間の注目を集めるような奇抜な祭りであった。

漫画祭の開催

大正四年六月二七日、日本最初の漫画家団体である東京漫画会をアピールするため、一平らは第一回漫画祭を調布の玉華園で開催した。そこまでのいきさつを一平は次のように記している。

先頃の議会と国技館五月場所中に都下各新聞漫画記者等の槍玉にあがつて、毎朝紙上

> に恨みを呑んだ政治家及力士連の亡霊が大分ある。及び槍玉にあげた方の漫画記者等の肩の凝《こり》も大分ある。この程これをどう処分したものかと寄り〳〵漫画家連の相談に上つた。結局一日清遊を催し、両方が一しよくたに何とか始末しちまはうといふことに纏まつた。

一平の主導で開催した第一回漫画祭は、漫画家同士の親睦も深め、成功裏に幕を閉じた。この時の様子は、一平が『朝日新聞』紙上で六月二九、三〇日の両日にわたり報告し、東京漫画会の存在と、漫画家という職業をひろく知ってもらう絶好の機会となった。一平は漫画祭を毎年開くことにより、その目的が確実に良い結果を生むと確信した。

この漫画祭は毎年、マスコミに話題として紹介されるものになっていく。地方の新聞の協力を得て、会場も潮来、大阪、山陰など全国各地に広がり、大正一二年（一九二三）に東京漫画会が解散して日本漫画会が設立されるまで、臨時の漫画祭も含めて一〇回開催された。さらに展覧会を東京や地方で十数回開き、講演旅行、写生旅行なども実施した。こうした努力により、東京漫画会の存在と漫画家という職業の存在が、全国の新聞関係者、出版関係者、さらには広告関係者などに知れわたり、漫画の需要を拡大していった。

図38　東京漫画会員と日本一同人（大正9年）

前列右より森火山，森島直造，宮尾重男（しげを），下川凹天，池田永治（永一治），曾根松太郎．中列右より細木原青起，在田稠，宍戸左行，小川治平，幸内純一，清水対岳坊，岡本一平，高橋都素武．後列右より横田正夫，井上芳郎，上野一也，服部亮英，池部鈞．日本一同人とは，雑誌『日本一』（南北社，大正4年創刊）の寄稿家たち．

東海道漫画旅行

東京漫画会の数ある催事の中でもっとも規模が大きく話題を呼んだのは、自動車を使った東海道五十三次の漫画紀行である。民間の美術関係組織・中央美術協会と共同主催で、読売新聞社と朝香屋書店が後援し、東京漫画会同人一八名が参加した。彼らは大正一〇年五月一日、後援者や芸者衆など大勢の人たちに見送られて日本橋を出発、一路京都へと向かった。六台の自動車に分乗し、自動車には「東海道漫画旅行」の大旗を立て、漫画家たちは同じ文字を染めぬいた小旗をかざし、揃いの三度笠といういでたちであった。奇抜な格好の集団は街中で人々の目をひき、宣伝効果は目を見張るものがあった。

旅行後、共催者の中央美術協会は一八人の漫画家共同執筆による肉筆「東海道五十三次漫画絵巻」を一五〇セットほど制作する。これは一セット五五図の豪華絵巻で、一図につき一五〇枚を描くという、漫画家にとって大作業であった。たとえば、一平は「日本橋」「神奈川」「三島」「静岡」の四図を担当したから全部で六〇〇枚も描いたことになる。もちろん一年ほどの間に何回かに分けて納めることが取り決められていた。絵巻の画料は会員にまとまった収入をもたらし、会の結束に大いに貢献するものとなった。

また、大正一一年五月、朝香屋書店から漫画入り紀行文集『東海道漫画紀行』（定価二円五〇銭）が一八人の共著で刊行された。同書店からは、大正四年から始まった漫画祭を記録した『漫画祭』という本が企画されたが、これは刊行されたかどうか不明である。

漫画雑誌の再興

時を少し前へもどそう。北沢楽天主宰の『楽天パック』は大正三年に終刊し、第二次『東京パック』も大正四年に終刊した。東京にはめぼしい漫画雑誌がなくなったため、このころ一平は新しい漫画雑誌の創刊に意欲を示しだした。『パンチ』『シンプリチシムス』『リール』など英独仏の最新の漫画雑誌に刺激されたこともあったにちがいない。東京美術学校出身の若手画家たちの集まりや、東京漫画会の仲間たちとのつきあいの中で、一平は漫画雑誌が、漫画の発表の場確保と、漫画の質的向上のために欠かせないことを説いていった。こうして大正五年末から六年の初めにかけて二種の漫画雑誌が創刊される。

一つは大正五年一二月創刊の『トバエ』である。石井柏亭《はくてい》、石井鶴三、岡本一平、近藤浩一路が中心になって明治の美術雑誌『方寸』（明治四〇〜四四年）のような美術としての諷刺画を創造する雑誌をめざした。『東京パック』のような大判多色刷で月二回刊であった。『東京パック』と大きくちがうのは、寄稿者がみな作品に名前を付して発表していることである。欧米の漫画雑誌のように、寄稿者が作家としての意識をもちだしたのである。

それはまた、当局からの弾圧を寄稿者も受ける可能性があった。しかし、それをはねのけられるような社会になってきたことも確かであった。大正デモクラシーの波が漫画界にも徐々に及んできたのである。要するに、記名による漫画の発表は大正デモクラシーが促進させたものといえる。平福百穂、坂本繁二郎《はんじろう》、名取春仙、池部鈞、小川治平、在田稠、三上知治なども寄稿者として名をつらねた。久々の新漫画雑誌ということで誌面は創造意欲にあふれた漫画がたくさん載った。たとえば、近藤浩一路の二四時間を描いた「裸天国」、議会とその周辺を描いた「下院大観」は、いずれも見開き二ページ分の大画面に細密な人間社会のパノラマを展開している。このスタイルの漫画は、当時の漫画界に影響を与え、鳥瞰《ちょうかん》漫画、大観漫画という新ジャンルを生み出していく。石井鶴三の風俗漫画も人間性の的確な描写で印象深い。一平は一～二ページ単位の「漫画漫文」「漫画小説」を描いて、新しい表現形式をアピールした。また、似顔絵に工夫をこらした政治諷刺画を描き、その分野でも新しい表現法に意欲的であることを示した。

もう一つは大正六年一月創刊の『漫画』である。これは、東京漫画会の会員を総動員し、商業ベースで発行していくことをめざした雑誌である。判型はB５判で『東京パック』などより小サイズだが、ページ数をふやすことでカバーした。一六ページは多色刷で各ペー

図39　翻案ポンチ　先生の悪智（岡本一平，『漫画』第3号，大正6年3月1日）

I 芋吉と豆蔵とかぽ助とぢやが坊とが先生にいたづらして逃げて来ました．

II 先生「オヤオヤ，悪戯どもは確かに此所へ逃げて来た筈だが，ハヽア判つた」

III 先生何思つたか庭にあつた水道の管を取つて其処に並べてある土管へ注ける．

IIII 先生の計略図に当つて土管の中から四人の茶目が「ウヒー，ブル，へへへへ」

ジほぼ漫画でうめられたが、短歌、狂句などの投稿欄や近松秋江、平山蘆江《ろこう》など文筆家の寄稿もあり、総合娯楽誌をめざす編集方針をとっている。編集は東京日日新聞の漫画記者出身である本間国生が担当している。毎号の巻頭文は一平が担当し、一枚物と漫画漫文を寄稿している。とくに「翻案ポンチ」（図39）と題して外国の子ども漫画を翻案したものを何回か連載しており、このころ、一平が子どもを対象にした漫画にも意欲的であったことがわかる。

日本漫画会の設立

『トバエ』『漫画』はそれほど反響を呼ばなかった。ともに新時代の漫画創作という研究誌的な性格が強く、大衆がなじむためにはもうひと工夫が必要だったのである。両誌とも大正六年中に終刊に追いこまれた。しかし、こうした雑誌の刊行は、マスコミに漫画家たちの存在をアピールでき、日ごろの研究が反映されて展覧会の出品にも力作が生み出されるなど好影響を与えた。東京漫画会では漫画祭と同様、前述したように展覧会を東京および地方で毎年開催し、出品作が売られた。東京展の会場は日本橋の三越呉服店がしばしば使われた。

こうした会の具体的成果が一平に自信を与え、次のステップへのすばやい判断がなされた。すなわち、日本漫画会の設立が東京漫画会会員の了承によりすんなりと決まったのである。大正一二年（一九二三）三月二八、二九の両日にわたり、最後の漫画祭と東京漫画会の解散式、さらに日本漫画会創立記念会が開催された。

子ども漫画の誕生

子ども漫画のルーツ

子どもを対象にした戯画はいつごろから生まれてきたのだろうか。それは、子どもを対象にした本の出版から始まると思われるが、たぶん、昔話絵本に掲載された挿絵としての戯画だったろう。たとえば、絵本「猿蟹合戦」などは、いかにも戯画風な挿絵が付けられた。幕末の弘化期あたりから子どもを対象にした浮世絵が出てくる。その中に、動物を擬人化したものや化物などが戯画風に描かれた。幕末から明治前期にかけて〝おもちゃ絵〟と称せられる子どもを対象にした多色木版刷の絵がたくさん売られ、戯画的なテーマのものも多数出た。芳藤の「毛だ物商人づくし」「しん板猫の手ならひ」などである。

明治の錦絵はコスト的に石版刷や活版印刷に対抗できなくなり、日清・日露の戦争期に少し活況を呈した後、その終焉を迎えていく。浮世絵師たちは生き残り策を考え、その一つとして〝ポンチ本〟と称する戯画本（木版刷、銅版刷、石版刷などで製作）を出版しだす。それらは日清戦争期から日露戦争期にかけて多数出版された。その中に、子ども向けのものもあった。たとえば、

『幼年ポンチ遊』　明治三一年一二月三日、岡村庄兵衛刊。
『幼年教育ポンチ集会』　明治三二年一〇月二一日、和田米三刊。
『少年体育角力ポンチ』　明治三三年九月一〇日、富里長松刊。
『少年遊学旅行ポンチ』　刊行年不詳、富里長松刊。
『子供のたのしみ教育パック』　明治三九年一月三日、木田浅次郎刊。

このほか、博文館の『幼年世界』（明治三三年創刊）、時事新報社の『少年』（明治三六年創刊）、実業之日本社の『日本少年』（明治三九年創刊）などに翻案子ども漫画や近代的スタイルの子ども漫画が載る。明治三五年（一九〇二）に『時事新報』の日曜漫画欄に登場した「茶目と凸坊」などは子どもを対象にした初期の新聞漫画といえる。

そして明治四〇年代に入ると、子ども向けの漫画雑誌が登場する。九〇年以上前に、日

本に子どもを対象にした漫画雑誌が生まれたのである。

『少年パック』

明治四〇年（一九〇七）のはじめに創刊された『少年パック』（少年パック社）は、日本で最初の子ども向け漫画雑誌だと思われる（図40）。漫画は元来、大人を対象に商品として売り出され発展してきたものである。明治期においても、子ども漫画のジャンルは未発達の段階であったから、突然このような雑誌が登場したのは意外な感じを受ける。その背景に何があったかを考察してみたい。

この雑誌の主筆を川端昇太郎（龍子《りゅうし》）が長くつとめた。川端の回想録である『わが画生活』（昭和二六年、大日本雄弁会講談社）に『少年パック』とのかかわりが少し記述されている。それによると、実業之日本社の社員、柏原伝吉が兼業でこの雑誌をはじめ、発行編集人だった。

川端は明治三九年、白馬会研究所時代の友人当舎《あたりや》勝次の紹介で北沢楽天の主宰する『東京パック』に入社して漫画を描くようになる。すでに入社していた山本鼎《かなえ》、石井鶴三らと一緒に仕事をしたわけである。明治四〇年、川端は和田三造主宰の『東京ハーピー』（明治三九年創刊）という漫画雑誌に引き抜かれるが、同誌は売れ行き不振で明治四〇年九月に『パック』と改題したため、『東京パック』の北沢楽天からまぎらわしい誌名だと抗

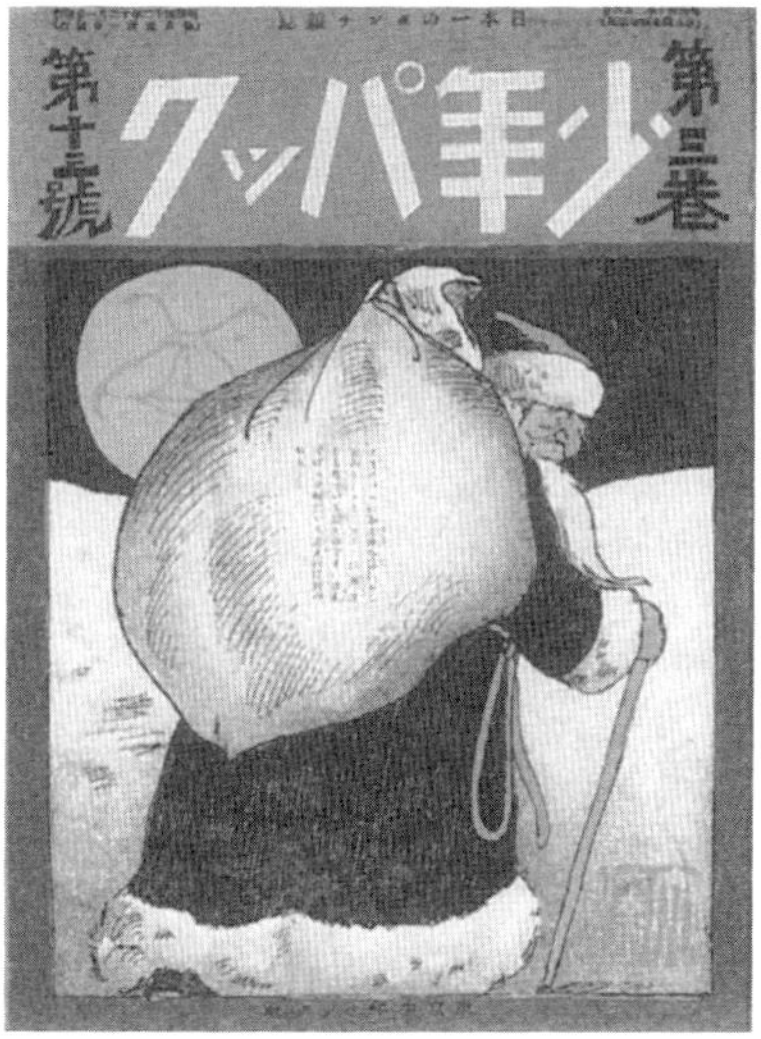

図40　『少年パック』表紙（筆者不詳，第２巻第７号，第３巻第10号，第３巻第13号）

議をうける。楽天にしてみれば、川端を引き抜かれたうえ、誌名までまねされて大迷惑だったのである。『パック』は明治四〇年一二月に廃刊となり、川端は失業する。和田三造は明治四〇年に『少年パック』をまねた『少年ハーピー』も創刊したが、これもうまくゆかず、同年末には雑誌から足を洗ったようである。しかし、『少年パック』の方は順調にすべり出す。そのため、柏原伝吉は失業中の川端を誘い、明治四一年早々から主筆として川端に編集をまかせたのである。『少年パック』の創刊は明治四〇年の一月から三月のいずれかの月であろう。同誌の明治四三年一〇月号読者投稿欄に「一巻一〇号から購読してゐる」という記述があるからである。明治四四年以降は刊行されたかどうか不明である。『少年パック』は国内の公的機関が所蔵していない。古書市場にもほとんど出ない〝幻の雑誌〟である。B5判（週刊誌サイズ）各号二四ページ平均で、毎号一〇ページ分は多色刷。中央見開きページは多色刷の一枚絵漫画で、他のページには一枚物から数コマないし八コマぐらいのコマ漫画が掲載され、四ページ分は読物記事でうめられている。

発行所、発売所は、東京市京橋区南紺屋町一番地の少年パック社で、月刊、定価八銭である。大売捌所は、東京が東京堂、東海堂、北隆館、良明堂、至誠堂、大阪が盛文館、京都が三共社となっている。

『少年パック』は、明治三八年創刊の『東京パック』、明治三九年創刊の『大阪パック』、あるいは明治四〇年九月に『東京ハーピー』を改題した『パック』の影響を受けた雑誌であろうか……。それらはいずれも大衆向け漫画雑誌であるから、直接の影響は少ないと思われる。それよりも、子ども向けの漫画雑誌をつくろうとする発想は、この時代としては早すぎるくらいに思える。『少年世界』（博文館、明治二八年創刊）、『少年倶楽部』（北隆館、明治三〇年創刊）、『少年』（時事新報社、明治三六年創刊）などの少年誌は出ていたが、せいぜい日清・日露戦争期に大量に出たポンチ本のなかに、いくつか子ども向けのものが見られる程度の時代であったからである。岡本一平が子ども向けストーリー漫画を発表し、子ども漫画の時代が始まるのは大正中期からである。したがって、『少年パック』は異常に早い子ども向け漫画雑誌であるといえる。

イギリスの子ども漫画の影響

本格的な子ども漫画雑誌が次に現われるのは大正一三年創刊の『子供パック』（東京社）で、武井武雄、竹久夢二、池部鈞、山田みのる、前川千帆、細木原青起、池田永治（永一治）、小川治平らが寄稿している。

『少年パック』の漫画を細かく見てみると、一枚絵の漫画（図41）は川端昇太郎ら、日

図41　老幼の歳暮観（川端昇太郎，『少年パック』第３巻第13号，明治42年12月１日）

本人の発想で描かれているようだが、コマ漫画の中に発想やキャラクターの描き方に外国風のものがいくつも見られる。そこで私は、この時代の欧米子ども漫画の調査をはじめた。まず、子ども漫画新聞を集めだし、海外へ出たときつとめて古書店で二〇世紀初頭の子ども漫画新聞や子ども漫画雑誌を探した。そして最近、大量に入手したイギリスの子ども漫画新聞『PUCK』の中に、『少年パック』の漫画「南亜弗利加《アフリカ》の出来事」（図42）と同じ作品（図43）を発見した。題名も〝原文〟を翻訳したものに近く、両者の発表日付も四ヵ月の差であることから、『PUCK』の最新号を見て、川端がほぼ忠実に模写したことがわかる（図44）。このほかにも、『PUCK』の連載漫画キャラクターを模写したと思われる例（図45）がいくつも見られる。

北沢楽天の『東京パック』は、ニューヨークで発行されていた『PUCK』誌を参考にして編集されたものであるが、『少年パック』はイギリスの週刊子ども漫画新聞『PUCK』の影響を受けた。この新聞は、一九〇四年七月三〇日アマルガメイテド・プレスから創刊されている。サブタイトルに〝新しい色刷滑稽新聞〟とあり、毎週金曜日発行で定価一ペニーであった。表紙には連載コマ漫画が多色刷で掲載された。A3判、一二ページからなり、六ページが漫画（コマ漫画が中心）で六ページが読物、記事となっている。

図42　南亜弗利加の出来事（筆者不詳，『少年パック』第３巻第12号，明治42年１月）

図43　A Sudden Rise in South Africans. “Puck” July 17，1909

MAGGIE MACFEE, THE GIRL DETECTIVE. OUR GREAT SUCCESS!

PUCK Puck 1d.

No. 218. Vol. X. EVERY FRIDAY. ONE PENNY. April 24, 1909.

MONTY & CO. HAVE ALL THE FUN OF THE FAIR.

1. Monty and his merry men, and Gertie, their pretty pet mule, had an evening out together one Tuesday night this week, and enjoyed themselves immensely, thank you! Yes, they went to one of those complete fun furnishing places, and got themselves thoroughly supplied with an extra good time.

2. Monty had been there before, but Gertie hadn't, and that was why he took her. The artful lad thought he would like her to try her hand—we mean hoof—at the strength-testing machine. And at the very first attempt the handsome thoroughbred broke the world's ball-punching records.

3. Talk about making the bell ring. The manager thought it was never going to stop, and, also thinking it was the merry middy who had performed the astonishing feat, presented our hero with a box of expensive penny flor de cabbagios, the magnificent first prize offered by the establishment.

4. It wasn't till afterwards the showman discovered the deception that had been played on him, and prepared an artful wheeze to repay the bad turn. Enticing Gertie with a nice juicy feed of new-laid carrots to poke her pretty face through the Aunt Sally port-hole—

5. The manager, with a large-sized chuckle of triumph, invited the audience to take three shots for nothing at the noble animal. But were Monty and his gallant lads going to stand idly by and see their four-footed friend poked fun at in that painful way?

6. Not very likely! Monty soon devised a clever way of ringing the changes and giving Gertie, poor injured innocent, an excellent opportunity of getting her own back—plonkety, plonk, plonk!

7. And while the manager was busy performing an aerial flight out of the danger zone, our merry misadventurers seized the opportunity to win a few more prizes, with which they were not a bit afraid to go home in the dark.

図44 “Puck” 紙の第１面 (1909年４月24日号)

川端昇太郎はこのような紙面を見ていたと思われる.

『少年パック』のコマ漫画に吹き出し（セリフを雲形の枠に入れたもの）入りのものがあるのは、『ＰＵＣＫ』の影響であろう。また、人物がものにぶつかったとき星がとびちる表現も『ＰＵＣＫ』から学んだものだろう。このように新しい漫画表現法が『少年パック』に数多く見られ、この雑誌のもつ意味はきわめて大きいといえる。

『少年パック』には読者の投稿欄があり、コマ画の一等当選作品を毎号発表していて、それを宮崎（渡辺）与平のような画家がリライトして紹介している（図46）。

『少年パック』には毎号「懸賞考え物」が掲載され人気を博したようである。たとえば第二巻第七号（明治四一年六月号）の当選者発表欄を見ると、応募総数四〇〇七、正解一二六一となっていて、抽選による一等当選者一名に懐中時計が贈られている。また、正解者全員の名前が掲載されている。東京がかなり多いが、北海道から鹿児島まで全国にわたって読者がいたことがわかる。韓国の釜山・仁川・漢城（現・ソウル）、台湾、清国の天津・大連・上海、さらには樺太に住む日本の少年少女からの応募もある。二割ぐらいが少女である。このほかポンチ、はめ絵などの作品応募ができる読者参加コーナーが人気を博したようである。

広告も載っていて、昆虫採集具、音楽器、運動器械、競技用具などを売るカジヤマ商店

図46　『少年パック』の一等当選作品（原田省平）

図45　"Puck" 連載漫画の部分（上）と『少年パック』の模倣作品（下，筆者不詳）

（東京本郷区湯島）、算盤・硯函《すずりばこ》・唐木細工の岩田商店（東京日本橋区横山町）などが常連広告主だった。

この日本最初の子ども漫画雑誌は明治末期の少年少女たちに夢と話題を与え、意外と長く支持されたようだ。

『ＰＵＣＫ』とならんで日本の子ども漫画に影響を与えたイギリスの新聞は『デイリー・ミラー』である。同紙は毎週土曜、子ども向けの色刷漫画付録をつけ人気を博した。同付録の一九二一年一〇月一五日号からはじまった「ピップ・アンド・スキーク」（オースチン・Ｂ・ペイン作、図47）は、犬とペンギンと兎を主人公にした連続漫画で、これを見た『アサヒグラフ』の編集者鈴木文史郎は、動物を登場させる漫画を思いつく。さっそく、朝日新聞の嘱託で在社していた織田小星《しょうせい》に相談し、技術部長の成沢玲川《れいせん》に樺島勝一《かついち》を推薦してもらって「正チャンの冒険」という連続漫画を生み出した。

「正チャンの冒険」は『朝日新聞』にも連載され、単行本化され人気を博した。日本の子ども漫画は、イギリス漫画から影響を受けている一面があることを認識する必要がある。

図47　「正チャンの冒険」に影響を与えた“PIP AND SQUEAK”

岡本一平と子ども漫画

岡本一平・かの子夫妻に明治四四年（一九一一）二月二六日、長男太郎が生まれる。その後、夫妻は一女一男をもうけるが、いずれも幼くして亡くなる。そのため、夫妻は太郎をことのほか大事に育てていく。とはいっても、多忙な夫妻は十分に面倒をみることができず、かの子は執筆の間中、幼い太郎をヒモで柱につないでいたという。小学生時代も放任主義の養育だったようである。

大正六年（一九一七）、太郎は青山の青南小学校に入学するが、先生に抵抗して一学期でやめるという一風変わったところがあった。先生には子どもへの強圧的で不公平な接し方があり、それを太郎は許せなかったのである。その後、学校を二つかわり、四つめの慶応幼稚舎で担任の先生の純粋な人柄に接して落ち着くことになる。

一平は太郎を育てるなかで、日本には太郎に読ませるべき子ども漫画がないことに気づき、自分で描き始める。太郎が五歳になった大正五年ごろから子ども向けの漫画を描きだすのである。『新少年』や『日本少年』のコマ漫画あたりから始まり、『良友』に「珍助絵物語」（大正六年）、「平気の平太郎」（大正七年）を連載し、大正子ども漫画のパイオニアとなった。大正一〇年四月には『朝日新聞』にかの子作・一平挿画「新童話　トシオの見たもの」を一〇回にわたって連載した。これらは、太郎に読ませることをも念頭においた新分野の仕事であった。大正一二年、一平は『良友』にドイツの漫画家ビルヘルム・ブッシュの作品の翻訳を連載したが、これらは児童文化史のうえでも注目すべき仕事である。

大正中期、一平のもとに宮尾しげをが弟子入りを希望してやってきた。一平は宮尾を子ども漫画の描き手として育てる。宮尾は、『東京毎夕新聞』に「漫画太郎」（大正一一年）、「団子串助漫遊記」（大正一二年）を連載、とくに後者は大評判となり彼の出世作となった。

子ども漫画の大ヒット

大正一〇年、『時事新報』日曜付録として創刊された北沢楽天主筆『時事漫画』には、多色刷の子ども漫画ページが設けられた。大正一二年には『アサヒグラフ』や『朝日新聞』に織田小星文・樺島勝一画「正チャンの冒険」が連載され大ヒットする。『団子串助漫遊記』や『正チャンの冒険』は単行本としても出されベストセラーとなった。大正末期から昭和初期にかけて子ども漫画は出版の新しいジャンルとして注目されるようになり、やがて講談社や中村書店が、子ども漫画の出版を積極的に行ないはじめるのである。

なお、大正一三年五月に『少女画報』『コドモノクニ』『婦人画報』などの雑誌を刊行していた東京社から月刊で『子供パック』という漫画雑誌が創刊された。明治の『少年パック』につぐ二つめの子ども向け漫画雑誌と思われる。第一巻第四号まで存在が確認されている。主な寄稿者は、武井武雄、竹久夢二、前川千帆、山田みのる、宮尾しげを、池田永治（永一治）、細木原青起、宍戸左行、池部鈞、下川凹天（芋川椋平）らで、武井、竹久を中心に日本漫画会の会員が加わって編集された雑誌である。ただし、子ども漫画から離れた岡本一平は寄稿していない。この雑誌の内容詳細は、季刊『諷刺画研究』第一三号（一九九五年一月二〇日、日本諷刺画史学会刊）に紹介されている。

漫画界の活況

北沢楽天と宮武外骨の復活

米騒動

大正六年（一九一七）一一月、ロシアの十月革命によってソビエト政府が誕生する。史上初の社会主義政権が登場したのである。日本をはじめとする列強諸国に衝撃が走った。革命直後から干渉の動きが始まり、日本政府内部では自由出兵論とアメリカとの協調的出兵論と見解が対立した。結局、協調出兵となって、大正七年八月二日、政府はシベリア出兵を宣言する。

その半年以上も前、すなわち大正七年に入ったころからシベリア出兵を見越して、地主や米商人が米の投機的買占め、売り惜しみを始めた。かくして大正七年七月二三日、〝越中女一揆〟が起こる。富山県魚津町の漁民の妻たちが、米の県外移出を中止させるべく海岸に集まったのを発端に、富山湾沿岸に米屋、有力者、役場に対する米の県外移出禁止や米の安売りを要求する運動がひろがった。これが新聞報道されたことで全国に米騒動が広がっていく。

たとえば大阪では、八月二日に天王寺公会堂で米価調節要求大会を開催するが、事態はおさまらず、一三日には民衆は市内各所の米屋を襲い、市街は数十万人に及ぶ騒動となった。かくして軍隊が出動、五人以上の集団外出と夜間七時以後の外出を禁じた。北沢楽天《らくてん》は『時事新報』（大正七年八月二五日号）に「集団歩行の禁止」（図48）と題して、夕涼みをする親子六人連れに対して大阪の巡査が「コラ〳〵五人以上集団歩行シテハナラン府令ヲ知ランカ背中ノ児マデデ六人デハナイカ、アー処罰スルゾ、アーン」と怒鳴っている漫画を描いている。この事件で多くの人々が騒擾《そうじょう》罪を適用されて検挙され、裁判所は夏休みを返上するほどだった。

騒動は、北は宮城、福島から西は山口、北九州にまで及び、九月中旬まで続いた。八月一四日に新聞報道が禁止されたことが騒動の終結をはやめたと言われる。しかし、八月中旬から九月にかけて、ジャーナリストたちは寺内内閣の弾劾運動を展開し、九月二一日、同内閣は総辞職に追い込まれた。大正デモクラシーの波は米騒動によって勢いづいてくる

図48　集団歩行の禁止（北沢楽天，『時事新報』大正７年８月25日号）

のである。

諷刺の回復

北沢楽天は自らの主宰誌『家庭パック』(明治四五年七月創刊)を一年足らずで廃刊し、もう一つの主宰誌『楽天パック』(明治四五年六月創刊)も一年三ヵ月ほどで廃刊した。そして、第二次『東京パック』(明治四五年六月創刊)にかかわっていく。北沢が退職することによって第一次『東京パック』(明治三八年四月創刊)は終刊したわけであるが、第二次『東京パック』は当時、部数減で苦しんでいた。そこで助っ人としてかかわるが、部数減の歯止めにならず大正四年一一月に休刊する。かくして楽天は、再び古巣である『時事新報』を漫画執筆の中心におくようになる。その間に大正デモクラシーはしだいに勢いづいていく。米騒動という民衆のエネルギーを知った楽天は、再び漫画雑誌を創刊したい意欲にかりたてられる。彼は周到な準備を始める。将来の雑誌創刊をめざして力量ある弟子を養成するために研究会「漫画好楽会」を結成したのである。主なメンバーには田中比左良《ひさら》、麻生《あそう》豊、国分暢天《ちようてん》、河盛久夫、長崎抜天《ばつてん》、芳垣青天《よしがきせいてん》、紫藤南天らがいた。

楽天は『時事新報』大正七年五月四日号に「この上にあげるべからず」(図49)と題する、同年四月二五日に公布された外米管理令や五月六日に農商務省が米穀を買占めた増田

図49　この上にあげるべからず（北沢楽天，『時事新報』大正7年5月4日号）

貫一ら仲買人一一名に対して警告を発したことを諷刺した漫画を描いている。警視庁と書かれた大きなサーベルを腰につけた苦々しい顔の警官が仲買人をにらみつけているが、後方では米俵がドンドン丘の上へと昇っていく、という米価に対する政府の無策を諷刺している。楽天の諷刺精神が回復しつつあることを象徴するような漫画である。

こうした楽天の漫画が目立ち出したのか、この大正七年、内務省が楽天に流行性感冒の予防ポスターを依頼している。一種の漫画家懐柔策である。楽天は自分の諷刺漫画に政府が恐れをなしてきたことを実感する。そして、新たな漫画雑誌の創刊に自信を深めていく。

諷刺新聞『赤』の創刊

一九一七年（大正六）のロシア革命が日本の労働運動や社会に影響を及ぼし、宮武外骨も、大正デモクラシーの勢いを肌で感じるようになっていた。大正七年九月二九日に原敬内閣が成立すると、『滑稽新聞』で内相時代の原を盛んに漫画や戯文で諷刺したことを思い出し、「平民宰相」と呼ばれても、高揚する労働運動、社会運動に対する強圧的な姿勢は変わらない原および彼の内閣を再び漫画で批判せねばならないという使命感が湧き出してきた。外骨はそのために有望な漫画家を探しはじめた。彼が目をつけたのは小川治平《じへい》である。彼は当時、『やまと新聞』で漫画記者をしていた。治平の漫画作品は第二次『東京パック』『演芸画報』でも見ていて、とくにシーメンス事件を諷刺した第二次『東京パック』の作品にすっかり惚れ込んでいた。たとえば、大正三年二月二〇日号の「弾劾案討議の実況」などは、その緊迫感、臨場感を読者に見事に伝えている。治平の画力をまざまざと見せつけられる作品である。かくして大正八年（一九一九）七月、小川治平を起用して諷刺画を売り物とした時局諷刺新聞『赤』を創刊した。紙名の「赤」は、共産主義、共産主義者を意味する隠語であり、そうした挑戦的タイトルが付けられたのも、大正デモクラシーの勢いがもたらしたものと感じさせる。

『赤』は一号から五号までは新聞サイズ一二ページ立てで、六号と最終号の七号は雑誌スタイルである。小川治平は名前もサインも一切出さずに政治諷刺、世相諷刺の辛辣な色刷漫画を毎号描いた（図50）。官僚や軍閥を諷刺し、労働者の力を称える彼の漫画は、柳瀬正夢《まさむ》や松山文雄らのプロレタリア漫画が登場する前段として興味深い。一〜五号では新聞紙一ページ大のカラー漫画も描いている。外骨はこの雑誌を大正版『滑稽新聞』として出したわけであるが、半年しか続かなかった。これはタイトルの「赤」が衝撃的で、庶民が気軽に手にするものとしては時期尚早だったのかもしれない。しかし、外骨の勇気ある諷刺雑誌への再挑戦は楽天に自信を与えた。懇意の小川治平から、『赤』の創刊号が七万

図50　反民本主義宣伝（小川治平,『赤』大正８年７月号）

部出された、と聞いて、楽天は大衆が諷刺ジャーナリズムを求めていると確信したのである。

大正に入ると、普通教育の普及とともに新聞読者が激増してくる。そして、新聞各社の読者獲得競争も一段と激しくなっていく。大正一〇年ごろの東京の新聞界は、いわゆる五大新聞（『報知新聞』『時事新報』『国民新聞』『東京朝日新聞』『東京日日新聞』）の時代で、各紙の発行部数はおよそ二〇万部から四〇万部の間であった。そのうちもっとも優勢だったのは『報知新聞』で、『時事新報』がこれにつぎ、『東京日日』と『東京朝日』がともに三〇万部以下でこれについでいた。しかし、各紙の部数差はそれほど大きくなく、部数拡大には読者サービスが重要だと各紙とも考えていた。

その読者サービスとして楽天が会社に提案していたのが、アメリカの日曜漫画付録のような定期刊行の漫画ジャーナリズムを創刊することであった。明治の『団団珍聞《まるまるちんぶん》』以後、久しぶりに登場する週刊の漫画ジャーナリズムである。しかも楽天は、多色刷ページをふんだんに使うことで特色を出そうとしていた。

第三次『東京パック』

大正八年（一九一九）八月、外骨の『赤』に一ヵ月遅れで、第三次『東京パック』が渡辺季作により復刊される。第一次、第二次よりも判型は縮小され、A4判変型の二四ページ立てになる。月刊として大正一二年の関東大震災ごろまで刊行が続いた（同年六月号までは確認されている）。下川凹天《へこてん》と小川治平が表紙やカラー漫画ページを担当し、中心スタッフであった。また、東京漫画会（岡本一平が会長格）の会員代田収一、清水対岳坊《たいがくぼう》（勘二）、池部鈞、岡本一平、服部亮英、宍《しし》戸左行《どさこう》、前川千帆、池田永治（永一治）、在田稠《しげる》、幸内純一、中西立頃《たつごろ》、宮尾重男、山田実（図51）らが寄稿し、さらには吉岡鳥平《とりへい》、石井鶴三、田中比左良、太郎冠者、帷子進《かたびらすすむ》らも加わった。大正九年からは下田憲一郎、在田稠が編集に参加している（この二人は、昭和三年から第四次『東京パック』を主宰する）。

第三次『東京パック』がテーマにした漫画で目をひくのは、普選運動や婦人運動にかんするものである。小川治平の「普選の花」（大正一〇年四月号）は、花見会場で尾崎行雄が「民衆政治」「変節政論」「軍備縮小」などと書かれた扇子をかざして民衆に訴えている。その横で婦人たちが「女子参政」を訴えている。池田牛歩《ぎゅうほ》（永治）の「婦人問題演説会」（大正一〇年二月一日号。図52）は、婦人弁士の話を聞く多数の婦人たちを描いている

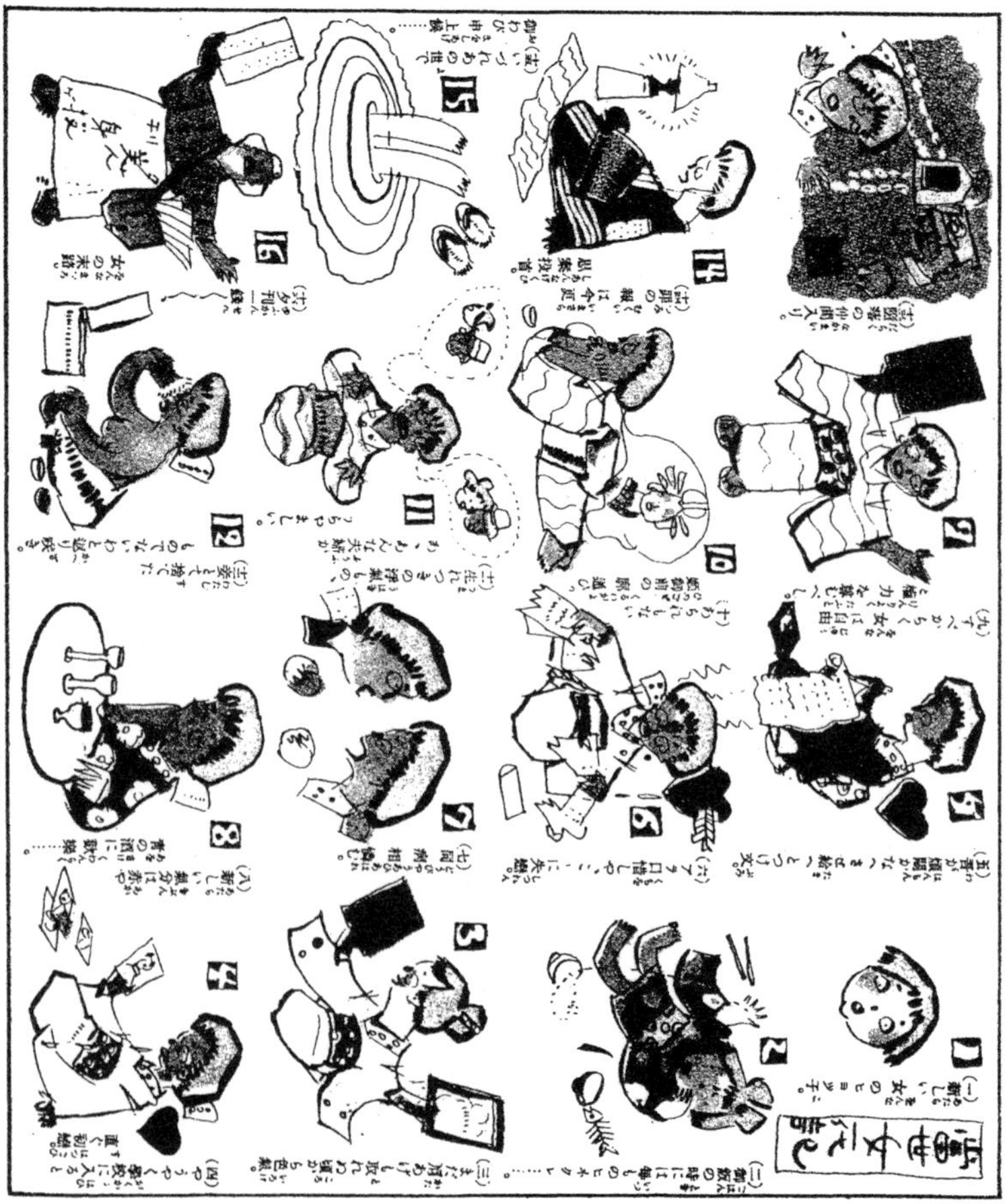

図51　当世女一代記（山田実，『東京パック』大正2年6月1日号）

図52　婦人問題演説会（池田牛歩，『東京パック』大正10年2月1日号）

が、それに次のようなキャプションが付けられている。

婦人問題もこんな婦人！が多数よつて論議するより、ただ少数の男子が自覚してくれれば訳なく解決するサ……。

これまでの婦人運動をテーマにした作品は女性への冷やかな眼で描かれてきたが、この作品は、男性の婦人運動への無関心さを訴えていて新鮮な感じがする。大正デモクラシーの勢いと、婦人運動への男性漫画家からの新しい理解が示されていることを感じさせる。

『時事漫画』　大正一〇年（一九二一）二月一一日、時事新報は日本初の日曜漫画付録を創刊する。明治三五年から明治三九年にかけて連載していた日曜漫画欄『時事漫画』を別刷として復活させたのである。毎号の発行部数が一〇万部を超えるような巨大な漫画定期刊行物が登場したのである。最初は新聞紙と同サイズの大判四ページ立てで、そのうち二ページが色彩漫画にあてられ楽天が描いたが、しだいに弟子の小川治平、保積稲天《いなてん》らも執筆に加わる。七六号以降は判型が半分のタブロイド判八ページ立てになる。このスタイルは昭和六年（一九三一）六月まで続く。

『時事漫画』大正一〇年一一月二〇日号から小川治平も巻頭漫画を描くようになる。楽天が自分の後継者の筆頭に列していたのはこの治平であった。自分以外の者に描かせなかった巻頭漫画を最初にまかせ、大正一一年一月一日号の巻頭には二人で共作の「現代出世双六」を描き、同年三月一九日号からは巻頭に楽天とならんで編纂人としての名を掲載させるほど、その実力を評価していた。

小川治平の活躍

小川治平は楽天主宰の第一次『東京パック』でデビューした漫画家である。当時の漫画執筆者は、美術学校などで正式の絵の修業をした日本画家・洋画家あるいは修業中の画学生がほとんどであったが、楽天の漫画家としての成功に刺激されて、画業にまったく素人で、漫画家になることだけを目標にした青年たちが、楽天の門をたたいたのである。その一人として、治平は楽天に才能を見いだされ、第一次『東京パック』に漫画を寄稿したのである。そして第二次『東京パック』（明治四五〜大正四年）、『赤』（大正八年）、第三次『東京パック』（大正八〜一二年）にも漫画を描く。そして大正一〇年、楽天の『時事漫画』創刊で時事新報社に入社し（正式入社は大正一一年）、楽天に劣らぬ活躍をする。

治平の画風は、当初楽天の漫画スタイルに、きわめてよく似ていた。どちらの作品か区別できないものもあるくらいである。しかし、第三次『東京パック』や『時事漫画』の時代には完全な治平調を生み出し、とくにアール・ヌーボーやキュービスム（立体派）、未

図53　瀕死の家庭（小川治平，『時事漫画』大正11年10月１日号）

来派などのヨーロッパの美術運動の影響を受けた漫画スタイル（図53）を確立して注目された。そして、岡本一平、吉岡鳥平とならぶ〝三平〟時代の一翼をになう売れっ子漫画家になる。細密な議会スケッチ漫画や政治家漫像を得意とした彼は、あまりにも大量の仕事をかかえたために大正四年、三九歳の若さで燃えつきてしまう。

治平の死は楽天に大きなショックを与えた。最良の後継者を失ってしまったからである。彼は次の〝スター〟をつくらねばならなかった。それには時間がかかった。

須山計一と大正デモクラシー

漫画史研究の第一人者

人との出会い、本との出会い、事件との出会い、……人生には思いがけない出会いがあるものである。その中には人生を変えるような出会いもある。私の人生にも転機となるような出会いがいくつかあった。そのひとつは、須山計一（一九〇五～七五）の本との出会いである。

昭和三一年（一九五六）、高校生の私は出版されたばかりの須山の著書『漫画一〇〇年』（鱒書房）を読み、漫画の歴史というものに強く興味を感じるようになった。当時私は漫画や動画（アニメ）に関心をもち、漫画家をめざして新聞、雑誌などに投稿していた。そんなころに出会ったその本で近代の漫画の傑作を目にし、その主張する諷刺の力に圧倒され、漫画を描くことのむずかしさを痛感した。そのことが、私の興味を「漫画を描くこと」よりも、「漫画の歴史を調べること」へと変えていったのではないかと思っている。

その後、須山は『日本の戯画』（昭和三五年、社会思想研究会）で古代から現代にいたる日本漫画史を紹介し、昭和四七年（一九七二）、『漫画博物志・日本編』（番町書房）で日本漫画通史を完成させた。世界漫画史の紹介はもっと早い。昭和一一年（一九三六）、三一歳の年に『現代世界漫画集』（日本漫画研究会）を出版し、漫画評論の新鋭として注目される。そして戦後、前述の『漫画一〇〇年』を刊行した同じ年に『漫画の歴史』（美術出版社）を出し、世界漫画の歴史を紹介する。昭和四七年の『漫画博物志・世界編』（番町書房）では、当時としてはもっとも詳しい世界漫画通史が紹介された。日本と世界の漫画史に通じた人は、それまではいなかったし、現在でもいないのである。その仕事は総論的ではあるが、須山の著作から啓発された人は数多い。私もその一人であり、私がやってきたことは、須山の仕事の各論を究めているようなものだろう。

大正デモクラシーと青春

須山計一は明治三八年（一九〇五）、長野県下伊那郡鼎村一色（現・飯田市鼎）に生まれた。大正デモクラシーの空気を吸いながら青春を生きた人だといえよう。原敬内閣が成立し、最初の政党内閣が発足する大正七年（一九一八）に飯田中学に入学した。そして、普通選挙法の成立する大正一四年（一九二五）に東京美術学校西洋画科に入学している。この時代状況は、同じ長野県出身で美校西洋画科卒業の先輩である諷刺画家の望月桂《かつら》のころとは大きくちがう。一八歳年上の望月は、大逆事件を目の当たりにしているから、画家としてはかなり屈折した生き方をしている。たとえば、石版印刷屋、氷水屋、一膳飯屋などつぎつぎと商売がえをして食いぶちをつなぐなど、美校出がなかなかできないことを経験している。望月の美校同級生には、岡本一平、池部鈞、近藤浩一路《こういちろ》などがいるが、これらの諸先輩とも須山の生き方が大きく違うのは、大正デモクラシーの空気を青春時代に吸ったことによるものと思われる。

大正デモクラシーは、昭和七年（一九三二）の犬養首相の暗殺（五・一五事件）によって終焉する。政党政治がこれで終わり軍部主導の政治が始まるのである。一四年間余の大正デモクラシー期には社会運動、労働運動が高揚し、プロレタリア美術運動も生まれて、須山もそれにかかわっていく。

プロレタリア美術への傾倒

美校入学当時は、マチス、ピカソ、ザッキンなどに興味をもった須山も、プロレタリア美術に傾倒していく。昭和二年（一九二七）には日本漫画家連盟に加盟し、松山文雄、下川凹天、麻生豊、宍戸左行らと知り合う。

同じころ日本プロレタリア芸術連盟にも加盟する。

絵画の面では美校の三年先輩である大月源二（一九〇四〜七一）の影響も大きい。たとえば、卒業制作の「労働者」は、テーマのとり方で大月を見習っている。須山の同級生四〇人のうち、こうした労働運動をテーマにしたものが三分の一を占めていたというから、プロレタリア美術が最高潮の時代に美術学校を卒業したのである。そのためか、一九三〇年代の美校西洋画科卒業生からは、それ以前と比べると戦後活躍する傑出した画家が少ないように感じられる。戦前の傑出組の最後は昭和二年卒業組だろう。牛島憲之、荻《おぎ》須《す》高徳《たかのり》、小磯良平、中西利雄、山口長男、猪熊弦一郎、高野三三男《みさお》など粒ぞろいの画家が出た。須山の同期の昭和五年卒業組で名を上げたのは、須山と山口薫、小野佐世男ぐらいかもしれない。須山が美校をトップの成績で合格し、級長にもなったことがうなずける。

須山は大月源二や松山文雄とは生涯親交をもち、大きな影響を受けた。プロレタリア美術に没頭したころの須山の作品は、力強く、フォーブを基盤にした独特の造形を生み出している。昭和元年（一九二六）の「自画像」、翌二年の「風景」なども力強い主張を画面にたたえている。しかし昭和九年、治安維持法で起訴され、一年余収監されて保釈の身になると、彼の芸術から力が抜けたように感じられる。昭和一二年の松山文雄との中国旅行で少し力を取り戻し、その後「宿駅」(昭和一六年)のような佳作を描いている。彼の芸術が再び力を取り戻すのは戦後である。「諏訪大社田植祭り」(昭和三九年)、「奥信濃の火祭り」(昭和四二年)などにそれが感じられる。

漫画家から漫画研究家へ

漫画、諷刺画にも同じことがいえる。彼のこの分野の代表作は昭和三年から昭和一六年にかけて寄稿した第四次『東京パック』作品だろう。昭和三年から五年にかけて『無産者新聞』『戦旗』に連載した「アジ太プロ吉」(図54)がコマ漫画の代表作である。『東京パック』では、諷刺画、挿画、連載漫画「ポン太爺さん」、ルポ記事などを担当した。

昭和七年一二月二〇日、画家柳瀬正夢《まさむ》が特高に逮捕された(翌年九月二一日に保釈となる)。翌年二月二〇日、作家小林多喜二が築地警察署に逮捕され、その七時間後に拷問により死亡している。こうした時代の状況の中で昭和七年六月、須山はヤップ(日本プロレタリア美術家同盟)の書記長となっている。昭和三年から五年間くらいが、須山の諷刺画のもっとも光った時代であった。たとえば、『東京パック』昭和四年六月号掲載の浜口内閣と軍部を批判した「記念すべき銅像」(図55)は、構図、描法ともに須山諷刺画の代表作といえるだろう。同年一〇月号の「豊年の悩み」も、地主と奸商《かんしょう》から搾取される農民

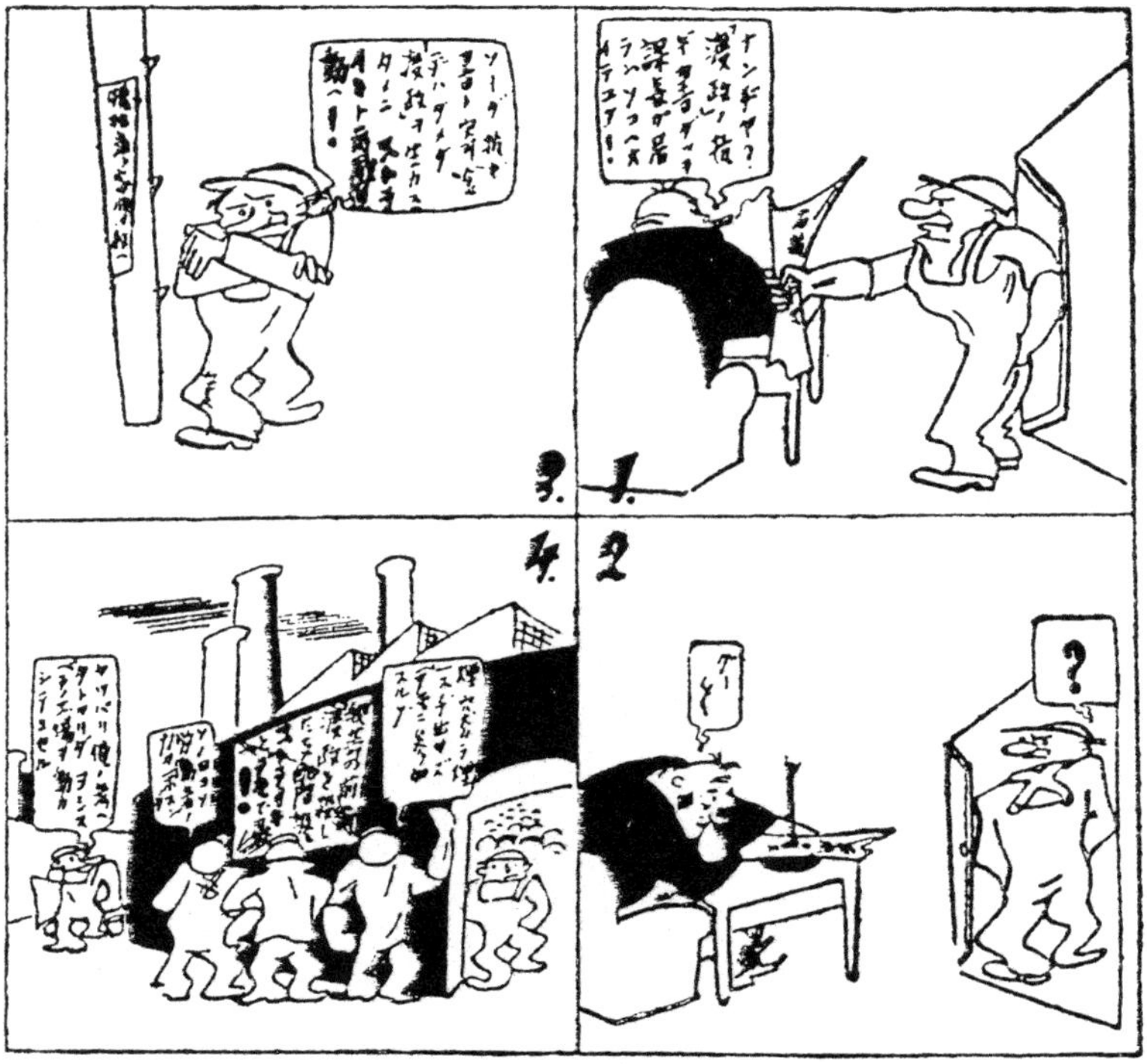

図54　アジ太プロ吉（須山計一，『無産者新聞』昭和３年）

図55　記念すべき銅像（須山計一，『東京パック』昭和4年6月号）

の実態を描き印象的である。そして、昭和九年（一九三四）の起訴、収監。保釈後の須山の諷刺の力は弱まる。

その後の須山は後進の指導、漫画史の調査研究へと情熱を傾けていく。昭和一一年、日本漫画研究会より『漫画投書の手引』『漫画カット・題字の描き方』、さらに同年、前述の『現代世界漫画集』を出版する。これは戦後の漫画史研究家として活躍する第一歩となる仕事であった。八〇年余の近代史の中でわずか十数年間吹き荒れた大正デモクラシーの風。その時代に青春を置いた波乱の人生。大正末期から昭和初年にかけて台頭したプロレタリア美術は、大正デモクラシーが生みだしたものの一つであることを須山、大月、松山らの人生が物語っている。

大月源二と松山文雄

大月源二は函館市出身で、昭和二年、東京美術学校西洋画科を卒業した。卒業と同時に日本プロレタリア芸術連盟美術部に入り、社会運動に積極的にかかわる。昭和六年、共産党に入党、『赤旗《せっき》』に漫画を執筆する。昭和七年、治安維持法違反で入獄し昭和一〇年に出所、昭和一二年より『都新聞』に入社して漫画を描いた。第四次『東京パック』の初期（昭和三〜六年）、国際政局をテーマにした諷刺画を数多く寄稿した。戦後は日本美術会（昭和二一年）に参加、須山計一らと草炎会を設立（昭和三四年）して長く活動した。

松山文雄（一九〇二〜八二）は長野県出身、大正一三年（一九二四）に上京し本郷研究所で絵を学ぶ。日本漫画家連盟を経て昭和二年（一九二七）、日本プロレタリア芸術連盟に加入する。第四次『東京パック』『戦旗』などに漫画を発表。昭和七年、日本プロレタリア文化連盟の大検挙で刑務所に入る。戦後、日本美術展、童画会、諷刺画研究会の創立に参加。『アカハタ（赤旗）』に昭和二〇年一二月から没する直前まで鋭い諷刺画を寄稿した。

柳瀬正夢とプロレタリア美術

最初の漫画制作

柳瀬正夢《まさむ》が漫画を描き出したのは、画家をめざして上京した年、大正三年（一九一四）に『美術週報』へ投稿したのが最初だといわれる。当時の画学生にとって新聞や雑誌の投稿漫画は一種の小遣い稼ぎで、力量のある者にとっては割のいいアルバイトであった。柳瀬より五歳年下の須山計一は、長野県の飯田中学校時代の大正九年ごろから『文章倶楽部』にコマ絵や文壇漫画を投稿する常連であった。

柳瀬が仕事として漫画に取り組むのは、大正九年八月の読売新聞社入社からである。門司で知り合った長谷川如是閑《にょぜかん》の斡旋で、読売新聞論説委員の大庭柯公《おおばかこう》を介しての入社であったらしい。同年八月二二日、柳瀬の最初の仕事が登場する。「人間社同人の講演スケッチ」（図56）と題する、この八月、門司で開催された文化講演会の講演者スケッチである。久米正雄、田中純、小山内薫《おさないかおる》、里見弴《さとみとん》、吉井勇の似顔を巧みにえがいている。その描写スタイルは竹久夢二風であり、丸みのある描線は未来派の表現タッチに影響を受けているようだ。

大正一〇年（一九二一）一月から三月にかけて、国会で答弁する議員の漫像が描かれる。一月四点、二月二七点、三月一四点の合計四五点である。これらの作品（図57・58）を見ると、ドイツの諷刺雑誌『シンプリチシムス』（"Simplicissimus"）（一八九六年創刊）の漫画家たち、カール・アーノルド（一八八三〜一九五三）、T・T・ハイネ（一八六七〜一九四八）、オラフ・グルブランソン（一八七三〜一九六〇）などの単純化された表現に影響されていることが感じられる（図59）。大正六年（一九一七）刊行の雑誌『漫画』に在田稠による『シンプリチシムス』誌の紹介があり、下川凹天の自叙伝（『ユウモア』昭和二年一月号掲載）にも、このころ『シンプリチシムス』のT・T・ハイネ作品から影響を受けたことが語られているから、柳瀬もこの雑誌に目を通していたことは想像に難くない。当時の人気漫画家、岡本一平の漫画表現もこのドイツ諷刺雑誌から強い影響を受けている。

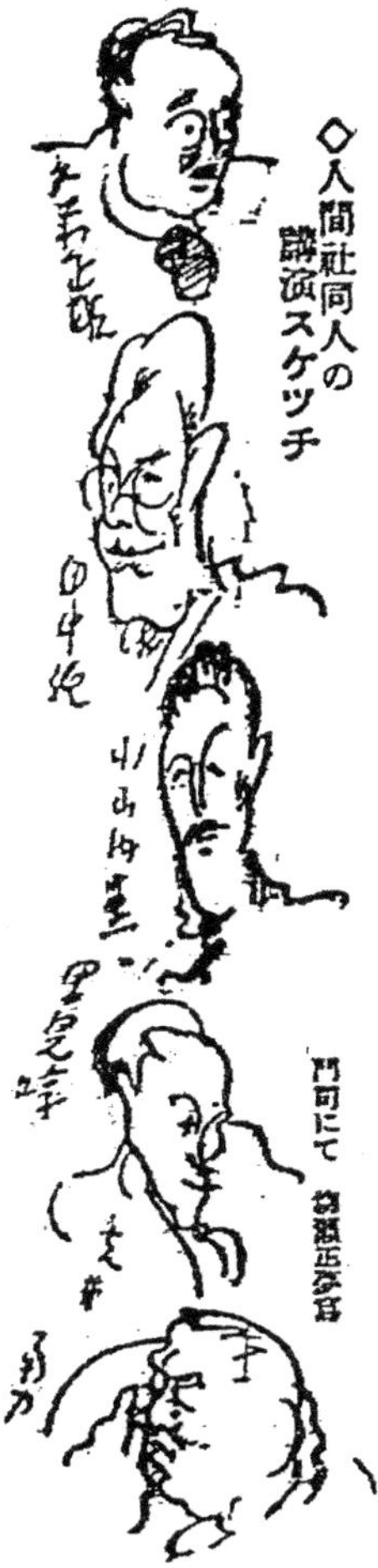

図56　人間社同人の講演スケッチ（柳瀬正夢,『読売新聞』大正９年８月22日号）

図57　田中陸相（柳瀬正夢,『読売新聞』大正10年１月26日号）

図58　田健治郎台湾総督（柳瀬正夢,『読売新聞』大正10年１月30日号）

図59　T・T・ハイネの作品

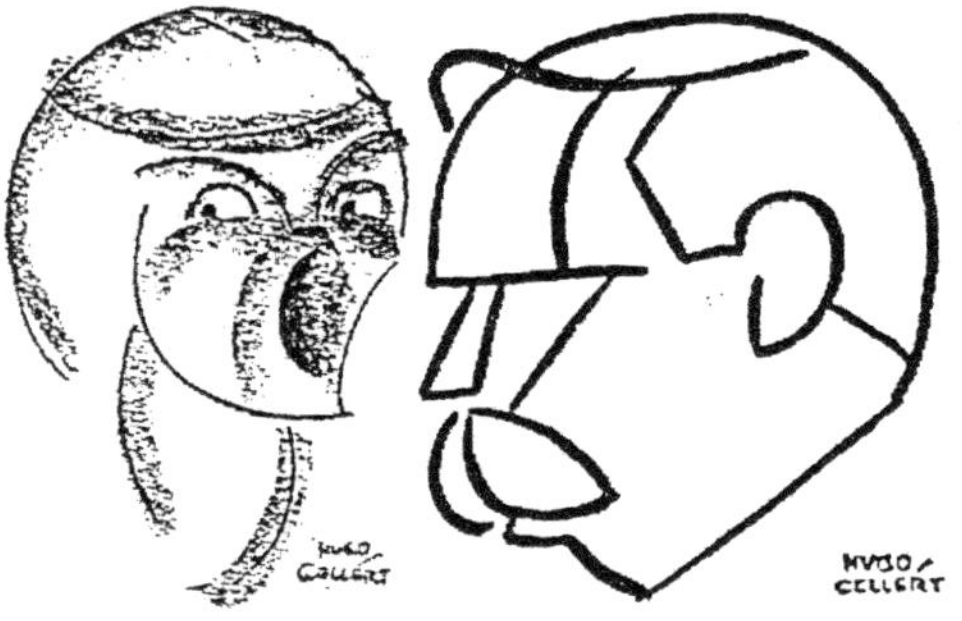

図61　H・ジェラートの作品（リベレーター誌，1921年）

図60　杉山総長（柳瀬正夢，『読売新聞』大正10年2月5日号）

図63　八ヶ嶽のいでゆを訪ねて㈠（柳瀬正夢，『読売新聞』大正10年8月15日号）

図62　とらまえたぞ（柳瀬正夢，『読売新聞』大正10年6月4日号）

アメリカ漫画の影響

このころの柳瀬の政治家漫像をよく見るとキュービスムの影響も感じられる。たとえば、「杉山総長」（図60、大正一〇年二月五日号）である。しかし、この表現法は当時のアメリカ漫画家ヒューゴー・ジェラートの描法に近い（図61）。この漫画が掲載されたアメリカの雑誌『リベレーター』は労働運動の雑誌で、川崎市市民ミュージアムに故松山文雄旧蔵のものが若干所蔵されている。柳瀬と松山との交流から判断すると、柳瀬の所蔵品だった可能性もある。ジェラートの作品と柳瀬の作品が同じ大正一〇年（一九二一）であることも影響の確度の高さを示している。このことは、柳瀬がグロス作品よりも先に、アメリカのプロレタリア漫画を見ていたことを意味しているのである。

『読売新聞』大正一〇年六月四日号の漫画「とらまえたぞ」（図62）は、原内閣に対する野党の追及（シベリア出兵問題、満鉄疑獄事件など）を受け流そうとする原と、原を守ろうとする法権力を諷刺したものであるが、描法が図案的できわめて斬新である。この漫画にはサインが入っていないが、フリーハンドで書かれたタイトルから判断して柳瀬作品にまちがいない。描法はダダのコラージュ技法（たとえば、マックス・エルンストの作品）あたりからの影響だと思われる。この年の『読売新聞』における柳瀬の時局諷刺画はこの一点だけである。

続いて『読売新聞』に登場するのは大正一〇年八月一五日から五回連載の「八ヶ嶽のいでゆを訪ねて㈠」（図63）である。丸みのある波形表現は表現主義の影響だろうか。あるいは図案のような表現はダダや未来派の影響だろうか。浪漫派のタッチも感じられるこの探訪漫画の連作は、表現における試行錯誤の状況をよく物語っている。

この年、『読売新聞』は発売禁止が続いて時局諷刺画が描けない状況になっていた。下川凹天が同社を去ったのもそうした時期だったからであろう。柳瀬も探訪漫画では満足できない状況にあったと思われる。すでに『リベレーター』など、アメリカのプロレタリア漫画を目にしていて、社会や政治の矛盾を諷刺画に描きたい意欲を十分にもっていたのである。その鬱積《うっせき》した〝時代状況への怒り〟の発露が、三宅雪嶺主宰『日本及日本人』大正一〇年九月二〇日号への五〇点に及ぶ時事漫画の寄稿であった（作品リストおよび作品例は『季刊・諷刺画研究』第一一号、平成六年七月二〇日、日本諷刺画史学会刊に紹介されている）。

『日本及日本人』への寄稿

三宅雪嶺（一八六〇〜一九四五）は明治二一年（一八八八）に政教社を設立して『日本人』を創刊し、明治四〇年（一九〇七）に『日本及日本人』と改題した。彼は明治二一年に高島炭鉱の惨状を報道し、明治四〇年には足尾鉱毒事件で被害住民の支援活動をし、明治四三年の大逆事件では幸徳秋水を弁護した。六一歳の三宅と二二歳の柳瀬を結びつけたのは長谷川如是閑であろう。如是閑の実弟である大野静方《しずかた》は、すでに明治四〇年代から『日本及日本人』に漫画を寄稿しており、大正三年一月号漫画付録「明治ヨリ大正へ」や大正九年春季増刊号の「百年後の日本」（中村不折と共同執筆）といった傑作を描いている。そうした関係から如是閑が柳瀬に、発表の場として『日本及日本人』を紹介したのであろう。

『日本及日本人』の「時事漫画五〇題」から、柳瀬の美術、婦人問題、労働運動などへの関心の度を推しはかることができる。美術ではダダイスムに関心を示し、「死の踊」と題する作品から、オーストリアの画家アルフレッド・クビン（一八七七〜一九五九）の画集『死の踊』（一九一八年）の作品をもう見ていたことが推察できる。「井戸のかはず」は日本の社会主義者が外国のことをよく知らない、と諷刺しているが、「労働争議」「物持の死と職工の死」などから労働者への連帯感が伝わってくる。この年（大正一〇年）一〇月の未来派美術協会第二回展には穴明共三（アナーキズムと共産主義）という駄洒落っぽい筆名で出品しているから、美術が社会とかかわるべき役割について確信をもちだしたものと思われる。

グロス画集

大正一二年（一九二三）一月、ドイツより帰国した村山知義《ともよし》が持ち帰ったグロス画集に、柳瀬は強い衝撃を受ける。ゲオルグ・グロス（一八九三〜一九五九）は、ドイツ出身のアメリカ画家で、『エッケ・ホモ（見よ、この人を）』（一九二三年）、『社会を支える人びと』（一九二六年）などの画集で、社会の不正や人間の醜悪性を痛烈に諷刺した。一九三二年に渡米し、一九三八年アメリカ国籍を取得した。その力強く簡潔な線は、労働者たちを搾取するブルジョアを激しく糾弾し、第一次世界大戦後の厳しい世相を弱者に温かい眼を向けて描いていた。その簡潔で力強く斬新な描法と明確な思想性が柳瀬の胸を打つ。『文芸戦線』大正一三年六月創刊号に描かれた「文芸戦線同人漫像」は、グロス風の線を部分的に使いはじめている。この年から大正一五年にかけて『文芸戦線』『文芸市場』誌に寄稿した諷刺画は、いずれもグロス風である。

しかし、『読売新聞』の大正一一年から一四年までの著名人漫像を見ると、その表現法はキュービスム、表現主義、構成主義、グロス風などさまざまなスタイルを使っていて、描法の確立への試行錯誤の段階であることがわかる。同様のことが『国際写真情報』大正一四年七月号の日本漫画会同人合作「漫画化されたる名士」の柳瀬作品四点（図64〜67）にもうかがわれる。

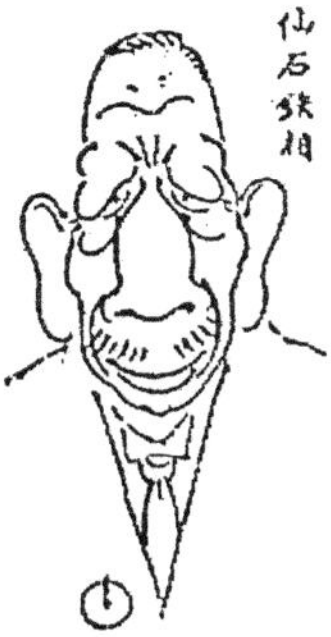

図66　仙石鉄道相（柳瀬正夢，『国際写真情報』大正14年7月号）

図65　宇垣陸相（柳瀬正夢，『国際写真情報』大正14年7月号）

図64　財部海相（柳瀬正夢，『国際写真情報』大正14年7月号）

図68　エッケ・ホモ（見よ，この人を）（柳瀬正夢，『文芸市場』大正14年12月号）

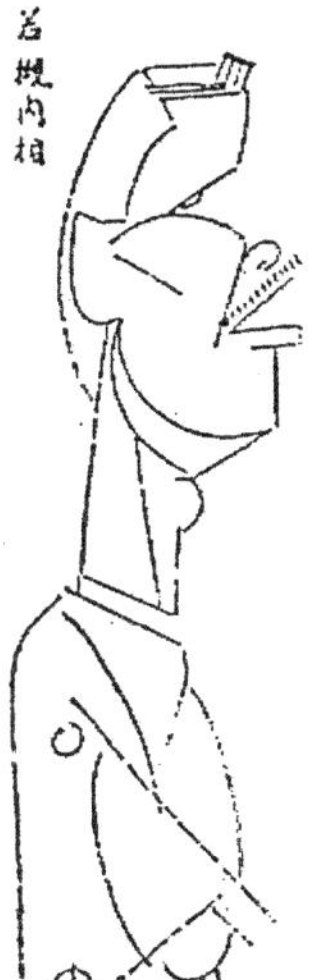

図67　若槻内相（柳瀬正夢，『国際写真情報』大正14年7月号）

柳瀬は大正一四年一月の日本漫画会第二回展に出品しているから前年に同会に入会したものと思われる。同会は岡本一平を会長格とした組織であったが、柳瀬は『文芸市場』大正一四年一二月号に一平を諷刺した「エッケ・ホモ（見よ、この人を）」（図68）と題する漫画を寄稿している。一平が美術雑誌『∧S』に、グロスを評して〝変態性欲画家〟と書いたことに対する批判として描いたものである。これは、村山知義らと大正一二年（一九二三）七月に結成したMAVO（前衛美術団体マヴォ）の行動要項の一つである「著名人を文章などで批判する」という規約に従ったものであった。この作品を発表後、柳瀬は新たな漫画家組織、日本漫画家連盟の結成にかかわっていく。

日本漫画家連盟

日本漫画家連盟は大正一五年（一九二六）七月に結成された。創立委員は村山知義、柳瀬正夢、在田稠、宍戸左行、下川凹天である。このころから柳瀬のもとにアメリカのプロレタリア漫画の情報がつぎつぎと入ってきたものと思われる。『無産者新聞』『解放』『労働新聞』に教宣漫画を描きだし、日本プロレタリア芸術連盟の結成（昭和元年一一月）に中央委員として加わった彼は、主張をより多くの人々に力強く伝えるために漫画表現の改良、改革を常に考えていた。そうした彼にとって、アメリカのプロレタリア漫画は注目すべきものであった。それらのいくつかは大正一〇年

（一九二二）に九年間のアメリカ遊学から帰った宍戸左行がもたらしたものかもしれないし、労働運動の国際的ひろがりがもたらした情報かもしれない。この辺の事情は片寄貢（未嗣）氏の研究（『漫画芸術研究』四四〜四六号、昭和五二年）に詳しいので少し紹介しておこう。

独自のスタイル確立へ

柳瀬がグロスの次に大きな影響を受けたのは、アメリカの漫画家のフレッド・エリスとウィリアム・グロッパーである。彼らはアメリカ共産党機関紙『デーリー・ワーカー』や労働運動機関紙『リベレーター』などに数多くの作品を発表していた。そうしたものが柳瀬の目に触れたのである。『労働新聞』昭和元年一〇月二〇日号に早くもエリスの漫画（図69）にそっくりの作品「戸を開けろ！」（図70）が登場する。『無産者新聞』昭和二年二月五日号「この味は忘れられぬ」（図71）は『デーリー・ワーカー』紙一九二五年八月のユージン・ジンマーマンの作品（図72）とそっくりである。描法はエリスのものでアイデアはジンマーマンのものというわけである。効果的な教宣を行なうために、柳瀬は借り物でもよいとわりきったのである。グロッパーの漫画（図73）からは刷毛状の陰影画法を取り入れ、画の迫力を増していく（図74）。

柳瀬が『労働雑誌』の表紙などにしばしば描いた大工場の煙突の見える図（図75）は、

図69　フレッド・エリスの作品（片寄未嗣氏蔵）

図70　戸を開けろ！（柳瀬正夢，『労働新聞』大正15年10月20日号）

図71　この味は忘れられぬ
(柳瀬正夢,『無産者新聞』
昭和2年2月5日号)

図72　ユージン・ジンマーマンの作品 (片寄未嗣氏蔵)

図73　ウィリアム・グロッパーの作品（片寄末嗣氏蔵）

図74　メーデー近き日に現れた怪物（柳瀬正夢，『無産者新聞』昭和２年４月23日号）

図75 『労働雑誌』表紙（柳瀬正夢，昭和10年４月創刊号）

図76 『リベレーター』表紙（1922年10月号）

図77　奴等の手にのるな！（柳瀬正夢，『無産者新聞』昭和3年3月1日号）

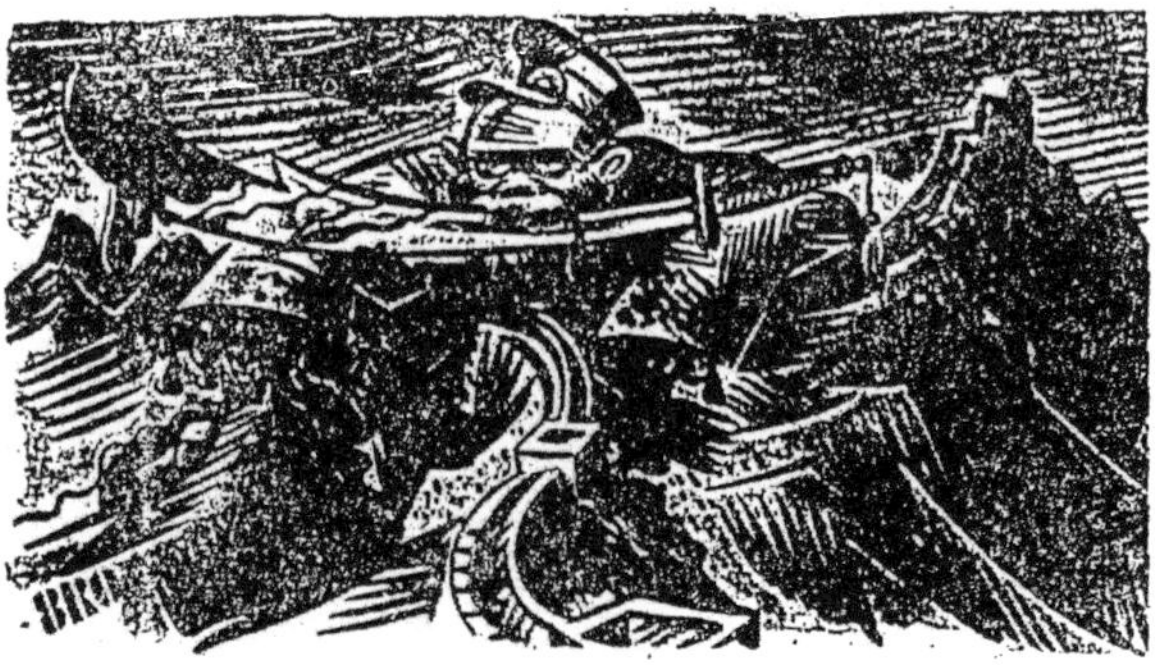

図78　満蒙に荒れ狂ふ殺人鬼（柳瀬正夢，『読売新聞』夕刊，昭和6年10月5日号）

『リベレーター』紙の表紙にしばしば登場したもの（図76。一九二二年）をヒントにしているようだ。未来派、表現主義、浪漫派、構成主義さらにはグロス、アメリカのプロレタリア漫画の描法を模倣するうちに、柳瀬は独自の描法を確立していく。『無産者新聞』昭和三年三月一日号の「奴等の手にのるな！」（図77）が表現法の新時代到来を予感させる作品である。昭和三年（一九二八）から始まる第四次『東京パック』にも新描法の諷刺画が登場する。

人気の大衆漫画家

読売新聞は、大正一三（一九二四）四月二七日号の漫画漫文「空想と現実」のあと寄稿が見られないから、このあと間もなく退職したものと思われる。そして、同紙昭和五年八月一八日号の社告に「宍戸・堤・柳瀬三氏、入社」とあるから、この日から柳瀬の後期読売新聞時代が始まる。ただし、昭和七年（一九三二）一二月から翌年一一月までは治安維持法違反で逮捕（逮捕理由は諷刺画作品が原因ではなかった）、入獄し、昭和九年一月から復帰して同一〇年八月まで寄稿が続く。

この時代の柳瀬は、第四次『東京パック』に寄稿しながら週一回の夕刊「読売マンガ」欄の常連として、また朝刊では、政治漫画や著名人漫像を下川凹天、麻生豊、宍戸左行、堤寒三らと執筆する。朝刊の政治漫画欄にはその後、池田永一治《えいじ》（永治）、近藤日出造《ひでぞう》らが、夕刊の「読売マンガ」には、前川千帆《せんぱん》、杉浦幸雄らがのちに加わる。そして昭和五年一〇月二六日、四色刷日曜付録「読売サンデー漫画」が創刊されると、サイズの大きい色刷時局諷刺漫画やコマ漫画「金持教育」の連載を担当する。「金持教育」は大正一二年（一九二三）から『アサヒグラフ』で人気を博していたアメリカ漫画「親爺教育」（ジョージ・マクナマス作）を意識してつくられたもので、大衆新聞の連載漫画分野で、ブルジョアとその生活を諷刺する内容は空前絶後のものであった。この作品によって柳瀬の名は大衆に知られるようになる。

しかし、この柳瀬の大衆漫画家としての人気は、プロレタリア美術関係者の中には眉をひそめる者もいた。「ブルジョア新聞に描くなんて堕落だ」と決めつける者もいた。だが柳瀬は、漫画を使って大衆を教宣することも画家の重要な役目であることをよく知っていた。フランスのドーミエも、ドイツのグロスも大衆向けの新聞、雑誌に漫画を描いてきたのである。この時代、大衆新聞に漫画を描ける力量をもったプロレタリア漫画家はそれほど多くなかった。その中で柳瀬は群を抜いた才能と個性をもっていた。読売新聞が柳瀬を起用し続けたのは当然のことだったといえよう。大衆新聞に発表の場を得、大衆に最も接近して都市の労働争議や農村の窮状を描き、社会の脆弱さに不相応な戦争拡大を暗に批判し続けたプロレタリア漫画家が柳瀬だったのである。

衰えない体制批判

後期読売時代で柳瀬漫画がもっとも輝いたのは昭和六年（一九三二）、共産党入党の年の秋以降から七年にかけてである。描法も確立し、国際政局や社会を見る目に柳瀬らしさが発揮されている。たとえば、昭和六年一〇月五日号の「満蒙に荒れ狂ふ殺人鬼――何が支那兵をさうさせたか？」（図78）は、日本の満蒙への侵略を暗に批判している。そして、貧しい農村、貧しい都市労働者への同情の目には変わりがない。図79は、昭和九年の東北地方冷害、大凶作を象徴的に描いている。大凶作（上右の部分）で、欠食児童（下右の部分）

図79　農村の悲劇（柳瀬正夢，『読売新聞』夕刊，昭和９年12月31日号）

が出、人々は爪に火をともすような生活（中央ランプがそれを象徴）をしている。左下部分に都市における救援活動が描かれている。デザイン化された社会諷刺画である。共産党への厳しい弾圧の時代に入っていたが、彼は精一杯の創意工夫で日本の軍部や為政者を批判したのである。

柳瀬の『読売新聞』での活躍は、その時代の大衆漫画の描き手にも影響を与える。柳瀬スタイルそっくりの漫画を描いた松山鸚鵡《おうむ》（『読売新聞』昭和六年九月二一日号）の作品は、画面にただよう気品の面でやはり柳瀬のものより見劣りする。「おうむ」はマネを意味するペンネームだろう。「松山」は柳瀬の出生地であるから、〝柳瀬のマネ〟を暗に示したペンネームかもしれない。宍戸左行、池田永一治（永治）の政治漫画や風俗漫画、近藤日出造の政治漫画も柳瀬の表現法の影響を強く受けている。近藤作品には柳瀬スタイルそっくりのものもある。近藤は岡本一平の弟子であるが、一九四〇年代に描かれた政治漫画の表現法は、師一平より柳瀬の影響を強く感じる。

近代漫画の女性像

男が一家の中心にいた時代

平成九年（一九九七）春、私はエジプトとトルコを旅行した。ともにイスラム教国である。すでにインドネシア、マレーシア、ブルネイといったイスラム教国を訪れているが、エジプトはその中でももっとも貧しい国のように思えた。アラブ諸国の盟主的存在ながら石油が出ない。国土は広いが、人が利用できるのはわずか三％の土地。観光が最大の産業の国。首都のカイロは一六〇〇万人の人々がひしめき合って住んでいる。全人口の四分の一がこの都市に集中している。エジプトは経済的豊かさはないが、男性は威厳があり男らしく見える。背すじの伸びた体型は肉づきの良さもあって男っぽい。口ひげやアゴひげをたくわえた者も多く、それが男っぽさを強く印象づけている。それに比べると、女性たちは中年すぎに急に増えてくる太った女性以外は存在感が薄いように感じられた。社会で働く人々は男性ばかりが目につく。飛行機のアテンダントやホテルの従業員に女性はいるが、街中に見える労働者は男性ばかりのようだ。男性が働き、女性が家庭を守っていて、男性は家長として家族の尊敬を得ているような感じがする。その分だけ、女性は服従や差別に耐えている社会なのかもしれない。欧米や日本などの民主主義国は、男女同権が当たり前となって、男性の女性化、女性の男性化がすすみ、男っぽい男が少なくなってしまった。

そのためか、エジプトの男性には、私の父や近代日本の男性像が重なって見える。そこからは黙々と家事に耐える私の母親や働く場の限られた近代日本の女性像も合わせて見えてくる。そういえば、近代漫画に描かれた女性像は、女性に対する蔑視、冷笑、嘲笑であふれている。それは、漫画の描き手がほとんど男性であり、もっとも目につく存在である弱者、女性は、漫画のテーマとして格好の素材だったからである。近代漫画の読み手は大衆という大人で、その多くが男性であったからかもしれない。

ドーミエの女性諷刺

一九世紀のフランス漫画家オノレ・ドーミエの漫画作品は、明治三〇年代には日本に紹介されていて、その作品を真似たものが『団団珍聞』などに描かれている。たとえば、『団団珍聞』明治三三年八月一八日号の田口米作のものと思われる「李の翁の進化」と題する漫画は、ドーミエが『シャリバリ』紙（一八三四年一月一七日号）に描いた、ルイ・フィリップ王を梨に見立てて諷刺した漫画に影響を受けている。中国の政治家李鴻章《りこうしょう》を諷刺したものである。

北沢楽天主宰の『東京パック』にもドーミエ作品から影響を受けたものが見られる。たとえば、図80「統監府経費増加要求」（北沢楽天、明治四〇年九月一日号）は、韓国統監府統監の伊藤博文が、印刷のプレス機を使って西園寺首相の口から金をしぼり出している。これはドーミエの図81「印刷機にはむかうルイ・フィリップ」（『カリカチュール』紙、一八三三年一〇月三日号）からヒントを得たものと思われる。印刷機（新聞を象徴している）に押しつぶされそうになりながら、なんとかこらえているルイ・フィリップ王を諷刺している。

また、ドーミエには青鞜《せいとう》派女性たちを諷刺した四〇点の漫画シリーズがある。これなども楽天は見ているはずである。たとえば、図82「それじゃ、あなた、編集者のところへ行

図80 統監府経費増加要求（北沢楽天，『東京パック』明治40年9月1日号）

図81 印刷機にはむかうルイ・フィリップ（ドーミエ，1833年）

図82「それじゃ，あなた，編集者のところへ行ってくるわ……」（ドーミエ，「青鞜派の女たち」シリーズ，1844年）

図83　婦人参政権論者（北沢楽天，『時事漫画』大正12年３月25日号）

ってくるわ……」（『シャリバリ』一八四四年二月八日）は、子育てを夫にまかせて社会での活動に熱中する女性を諷刺している。こうした作品からヒントを得たと思われる楽天作品に図83「婦人参政権論者」（『時事漫画』大正一二年三月二五日号）がある。楽天がことのほか青鞜派や女権運動家に手厳しいのは、ドーミエの作品の影響が強いようである。この楽天をはじめとする近代漫画家の描いた女性像につき、もう少し話をすすめていこう。

ビゴーの見た女性

近代日本の女性がどのように漫画に描かれたのか、まずは明治の女性から見てみよう。この時代の女性を数多く描いた漫画家にフランス人ジョルジュ・ビゴーがいる。明治一五年に来日し、一七年間余の滞日中に数多くの諷刺雑誌や諷刺スケッチ本を石版刷で刊行した。その代表的なものは、明治二〇年から二二年にかけて刊行した時局諷刺雑誌『トバエ』である。その中に鹿鳴館に出入りする女性たちを諷刺したものがある。たとえば図84「鹿鳴館の月曜日」（『トバエ』明治二〇年五月一日）がある。鹿鳴館は明治一六年一一月に東京麴町区山下町（現在の千代田区内幸町一丁目）に建てられたもので、内外の高官や華族たちの社交場として、夜会や舞踏会が開かれた。ここは一般庶民の手の届かない場所のように思われているが、実際には庶民も舞踏会に参加していたことを証言するのがこの漫画である。

図84　鹿鳴館の月曜日
（ビゴー，『トバエ』
明治20年5月号）

図85　女子の職業
（筆者不詳，『滑稽新聞』明治41年9月20日号）

この四人の女性たちをよく見るとあまり品が良いとは言えない。きせる煙草を吸い、中腰でくつろいだり、舞踏室をのぞき込んでいる。むしろ、鹿鳴館に似つかわしくない品の悪さを強調しているかのようである。彼女たちは員数合わせで動員された芸者たちである。もちろん、ダンスのレッスンは受けている。いずれも洋髪にしているから、芸者にもどるとき日本髪になるのだろう。

北沢楽天の女権批判

明治女性が働く場はきわめて限られていた。図85「女子の職業」（筆者不詳。『滑稽新聞』明治四一年九月二〇日号）には、明治末期の女子の職業が示されている。上から、花売り、電話交換手、煙草屋店番、絵葉書屋店番、裁縫（右手の先）、子守、義太夫、ゴロツキ（入れ墨）、乳母、按摩、妾、娼妓、洗濯（久米の仙人が雲から落ちる図）、芸妓（左手の先）、事務員、足芸である。

こんな限られた職業で明治女性たちは自立の道を閉ざされたため、結婚し、その夫に従わざるをえなかった。しかも、この漫画は女性たちに同情しているわけではなく、むしろ嘲笑的に描かれている。それが物悲しい。

明治も末期になると女性たちのなかに権利意識が芽生え、婦人参政権の獲得など女権拡大運動が起こってくる。平塚雷鳥らの青鞜社が結成され、雑誌『青鞜』が創刊されたのは明治四四年九月である。それより少し前の同年六月一〇日、北沢楽天主宰の人気雑誌『東京パック』が「女権」号を刊行した。表紙にこう書かれている。

処女!!! それが女の最も権威あるものである。

当時、「女権」という言葉が流行したらしい。そこで、女権は邪慳《じやけん》と称して、その拡大を漫画で批判している。その代表的なものが図86「女の権利を自覚せる女・女の義務を自覚せる女」である。右の女性は雷鳥をモデルにしているように思われる。アール・ヌーボー調にデザインされた構図の上下には、それぞれ七コマの漫画が描かれている。上は「勇猛唱導女権婦人之家庭」と題し、靴下に穴があいている、剃刀《かみそり》をといでいない、シャツにボタンがない、ズボンの折り目のつけ方を間違え、パナマ帽にアイロンをかけてしまう、といった奥さんの手抜きに、とうとう旦那がアイロンかけをやって汽車に乗り遅れる、といったストーリー。下は「順従夫命婦人之家庭」と題し、かいがいしく旦那の身仕度をする奥さんを描いている。男性の読者に対して、どちらがいいかと問うている漫画である。男性に従属し苦しんできた女性たちが、その封建的家庭制度に反旗をひるがえしはじめたとき、男性である漫画家たちは漫画で批判の矢を射たのである。

封建的家族制度を破ろうとした人たちの中に人気女優のようなエリートや上流階級の女

性たちがいた。前者には島村抱月《ほうげつ》との愛に生きた松井須磨子《すまこ》、後者には伯爵令嬢柳原白蓮《びゃくれん》のような九州の炭鉱王との結婚を投げ捨て、自由恋愛に生きた女性がいた。時代の変革の空気を十分吸って、自由に生きようとした女性たちも出てきたのである。図87「斯《か》の如《ごと》きものをして所謂《いわゆる》新しき女と云ふ」（筆者不詳、『大阪パック』大正元年一一月一五日号）は、大阪の「カフェ・キサラギ」あたりに出入りした上流階級の娘たちを描いている。女性たちはワイングラスをかたむけている。酔いにまかせて立ち上がり、グラスをかざしてテーブルをたたくこの女性に、自己主張を堂々とする新しいタイプの日本女性が誕生していることが読み取れる。カフェーは、そうした「新しい女」が集まり、それを目当てにハイカラ男性たちが群がった場所でもあった。

この昼の女性たちとは対照的に、夜の〝新しい女〟の生態を描いたのが図88「新しい女……千束町に女買いに出かけるとは物すごい」（筆者不詳。『東京パック』大正元年八月一日号）である。浅草の千束町に女を買いに行くレスビアンである。彼女らの着物には「BLUE STOCKING」と書かれているから、青鞜派の女性たちの一面を諷刺しているのである。その明治四四年、島村抱月の文芸協会が上演したイプセンの「人形の家」が評判となる。その主役ノラに扮《ふん》したのが松井須磨子である。この青鞜派女性たちを「日本のノラ」と名付け

図86　女の権利を自覚せる女・女の義務を自覚せる女（北沢楽天，『東京パック』明治44年6月10日号）

図88　新しい女……千束町に女買いに出かけるとは物すごい（筆者不詳，『東京パック』大正元年）

図87　斯の如きものをして所謂新しき女と云ふ（筆者不詳，『大阪パック』大正元年11月15日号）

ている。

このほか、大正二年に東北大学理科大学に三女性が合格して入学した〝事件〟、フォークダンス、テニス、ラグビー、乗馬をする女性たちが漫画に描かれた。大正一二年の関東大震災後、「文化住宅」からはじまって「文化生活」「文化ナベ」など、「文化」という言葉が流行する。こうしたものを諷刺する漫画の中に「男女同権」「自由結婚」「求婚広告」「定期契約結婚」なる言葉も出てくる。

柳瀬正夢と婦人運動

平成九年三月一四日、東京の学士会館で開かれた井出孫六氏『ねじ釘の如く』の出版記念会で、井出氏の親戚の人が挨拶し、この柳瀬正夢伝につき「柳瀬のグロッス受容は書かれているが、当時のもう一人の重要な女流画家ケーテ・コルヴィッツ受容が書かれていない」と評していた。コルヴィッツは、貧しい階層の主婦や子どもを温かい目で描いた画家として知られる。しかし、私には柳瀬が社会的弱者であった女性たちの権利についてどれだけ関心をもっていたか疑問で、哀感のただようコルヴィッツ作品にそれほど関心を示さなかったのではないかと思っている。

実際、『日本及日本人』大正一〇年九月二〇日号に掲載された柳瀬の初期諷刺画作品五〇点を見ても、女権運動に理解を示すような作品は見当たらない。ただ一点、「愚言は取消」と題する作品は、近ごろの女性たちが、労働問題、選挙権、生活改善に主張をだして頼もしくなったため、シェイクスピアが「弱き者よ汝《なんじ》の名は女なり」と作品に書いたことを反省している図である。女権を積極的に支持する姿勢はこの図からは伝わらない。また、真理社版『柳瀬正夢画集』（昭和二三年）を見ても、全九九図の中で女性が描かれているのはたった一図である。「入営」（『無産者新聞』昭和二年一月一五日号、図89）と題する作品に、村長に連れられて連隊に入営する息子の袖をつかんで泣いている母親が描かれている。柳瀬は、労働者の権利を最優先に主張したため、女権にはほとんど触れていないのである。戦前の労働運動の中で生まれたプロレタリア漫画に女権拡大について主張したものが見当たらない、ということは、労働運動と婦人参政権運動などとは別個のもの、あるいは優先課題ではなかったことを鮮明にしているように思える。

図89　入営（柳瀬正夢,『無産者新聞』昭和2年）

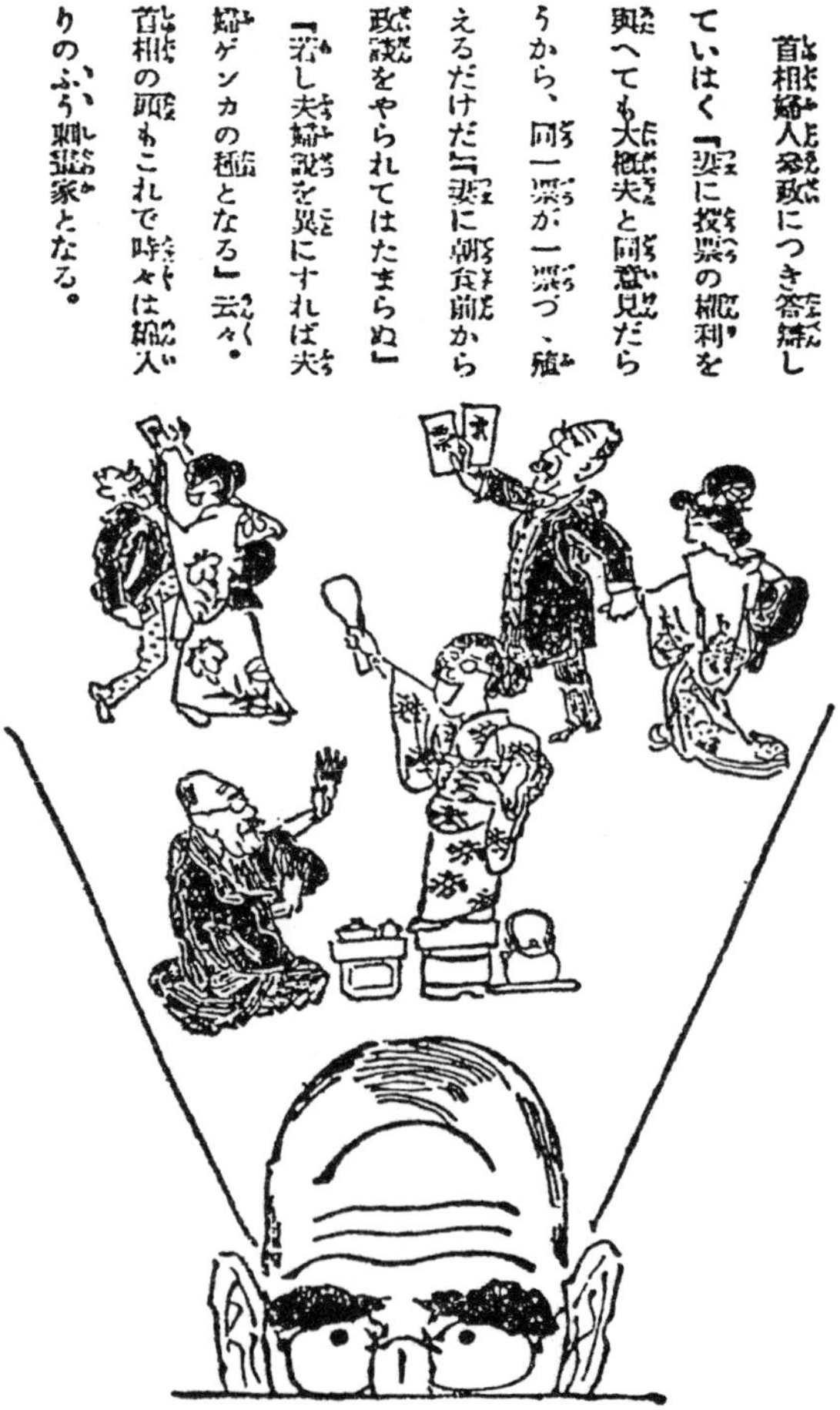

図90　婦人参政に就ての首相の頭の程度（岡本一平，『東京朝日新聞』大正14年２月25日号）

岡本一平のまなざし

柳瀬正夢は女権運動に無関心であり、北沢楽天はそれに批判的であった。それでは漫画家の中で女権運動に理解を示した者はいなかったのだろうか。その数少ない一人は岡本一平である。図90「婦人参政に就ての首相の頭の程度」（『東京朝日新聞』大正一四年二月二五日号）は、加藤高明首相が婦人参政権について理解がないことを諷刺している。また、漫画漫文「子供から大人への叱言《こごと》」（出典不明、大正末期、図91）は、子だくさんの母親の苦労を描き、女権拡大運動の一環である産児制限運動に理解を示している。

図91　子供から大人への叱言（岡本一平，出典不明，大正末期）

　昭和四年（一九二九）六月から翌年八月にかけて先進社から刊行された『一平全集』全一五巻は、五万セットの予約注文を受ける大ベストセラーとなった。『東京パック』昭和四年八月号の編集後記にこう書かれている。

『一平全集』の予約五万部。その印税で洋行を計画」と。一平、妻かの子、息子太郎と恒松安夫、新田亀三を加えた一家は、昭和五年一二月から昭和七年三月まで世界旅行を行ない、その時、太郎をパリに留学させている。

『一平全集』が完結した直後から北沢楽天の『楽天全集』全一二巻がアトリエ社から刊行されだした。しかし、こちらの方はあまり売れ行きがよくなく、八巻分を出したところで刊行中止になっている。なぜ『一平全集』は成功したのに『楽天全集』は失敗したのだろうか。それは前述したような女権運動に理解のある一平には、インテリを中心にした熱烈なファン層があったからだと思われる。とくに女性、それも長編漫画「人の一生」を連載していた『婦女界』の読者層や女権運動に関心をもつ層、いわゆる〝新しい女〟たちがファン層として存在したのではないかと思われる。元来、一平ファンには夏目漱石や宇野浩二などのインテリ層がいたが、それに女性のインテリ層も加わったのではないだろうか。

それでは一平はなぜ、女権運動に理解を示したのだろうか。それは妻であり歌人（のちに作家）であった岡本かの子からの影響だろう。彼女も青鞜社から歌集を出すような、〝新しい女〟だったのである。

マンガ時代の幕開け――エピローグ

「ノンキナトウサン」の誕生

大正九年（一九二〇）、第一次世界大戦後の恐慌（戦後恐慌）によって大量の失業者が生まれる。さらに大正一二年には関東大震災によって多くの企業が被害を受け、雇用状況はさらに深刻になる。こうした大量失業者を生み出した社会で、失業者を主人公にした漫画が人気を博した。大正一二年一一月二六日付の『夕刊報知新聞』に登場した麻生《あそう》豊の「ノンキナトウサン」である。この漫画の人気で新聞の売れ行きがぐんと伸びたという。

厳しい社会、激動する社会にうまく適応できないトウサンと隣りのタイショウが、スローペースかつ失敗の連続ながらも、なんとか明るく生きていく姿を四コマ形式の連載にしたところが新機軸であった。これは、同年一〇月二五日の『朝日新聞』夕刊に連載されたアメリカ漫画「親爺《おやじ》教育」（ジョージ・マクナマス作）、同年四月一日の日刊『アサヒグラフ』と同年一一月一四日の週刊『アサヒグラフ』にも連載された「おやぢ教育」から形式・表現法などの影響を受けた作品であった。その辺の事情を麻生はこう語っている。

日本で最初の新聞連載漫画「ジグスとマギー（親爺教育）」が『アサヒグラフ』に連載されていた当時、私は報知新聞に漫画家の卵として入社していた。大正一二年九月一日の関東大震災直後、時の編集長高田知一郎氏が私に、罹災民を慰める連載漫画を書けという。朝日の「親爺教育」を見ている私には何としても太刀打ち出来そうにもないので、逃げ回ったがどうしても書けと命じられてペンをとったのが「ノンキナトウサン」である。幸い、日本人の手になる初めての連載漫画で好評だったが、朝日の「親爺教育」が好評だった処から、報知が対抗的に新米の私に冒険させたのである。

（『朝日旧友会報』昭和三二年三月）

ここでいう「ノンキナトウサン」は四コマ漫画作品を指す。大正一二年一一月二六日、『夕刊報知新聞』第一面の左上に四コマとして登場、以後、毎日連載された作品である。毎日連載の新聞漫画は、大正一二年一〇月二〇日『朝日新聞』朝刊連載の織田小星・樺島勝一「正チャンの冒険」、大正一二年一〇月二五日『朝日新聞』夕刊連載の「親爺教育」がある。「ノンキナトウサン」はそれに続くものであった。

じつは、麻生豊は『報知新聞』「日曜漫画」欄に大正一二年四月二九日より八コマ漫画「呑気な父さん」を連載している。五月二七日号の連載第五回目から「のんきな父さん」となり、関東大震災後の一〇月二八日号より六コマ漫画になった。しかし、この週一回の八コマないし六コマ漫画版と毎日連載の四コマ漫画版は描法の点で大きくちがっている。前者は描法が写実的であるが、「親爺教育」の影響を受けた後者は、描法に簡潔化、単純化の工夫が見られる。せりふ部分は、前者は平仮名を主体にしているが、後者は「親爺教育」と同じく片仮名を主体にしている。

麻生が最初に「親爺教育」を見たのは、日刊『アサヒグラフ』大正一二年四月一日号だとすると、『報知新聞』大正一二年四月二九日「日曜漫画」欄に初登場した「呑気な父さん」に影響が出ているはずである。吹き出しの形式あたりをまず見習ったのだろう。『朝日新聞』大正一二年一〇月二五日および『週刊アサヒグラフ』大正一二年一一月一四日の連載スタートによって、表現上の影響を受ける。写実風表現から簡略化表現になるのは、明らかに「親爺教育」の影響である。

「親爺教育」(図92)は、アメリカの金持ち夫婦、ジグスとマギーの日常生活を描いている。夫ジグスの若い女性好きや金にまかせた遊びなど、ブルジョアの退屈な生活の中に笑いを生み出しているが、そのギャグはパターン化していて単純である。一方、「ノントウ」は、万年失業者たちの日常を描き、ペーソスとギャグに満ちている。

「ノントウ」から「サザエさん」へ

「ノントウ」が現在見ても面白いのは、関東大震災直後の厳しい社会を反映した人間性を鋭く追求する普遍的なギャグを連発し、かつそれらにバラエティーがあるからだろう。失業者の涙ぐましい求職努力、失業者のあふれる社会で囚人が刑務所内で仕事を与えられている矛盾など、時代を越えて十分通じるギャグとペーソスが描かれている(図93・94)。こうした漫画が登場してきた背景には、大正漫画の質的向上がある。岡本一平が登場し、彼を中心に東京漫画会という初の漫画家団体が生まれ、人間性を諷刺する漫画であるナンセンス漫画が大人の鑑賞に耐えるまでに質が高くなったのである。

「ノンキナトウサン」の大ヒットで、新聞四コマ漫画が大衆の心をつかむものになると、新聞各紙に四コマ漫画の傑作が登場してくる。昭和一一年から『朝日新聞』に連載された横山隆一「フクちゃん」(当初は「養子のフクちゃん」という題)、昭和二一年から『大阪新

2 "I'll soon put a stop to this golf playin' around here."

3 "Oh! Sir; Did you see a golf ball go over there?"

4 "You are awfully good to caddy for me."

図92　田園の巻（ジョージ・マクナマス，『親爺教育』第一輯，朝日新聞社，大正13年）

図93　ノンキナトウサン（麻生豊，『ノンキナトウサン』第６集，報知新聞社，大正14年）

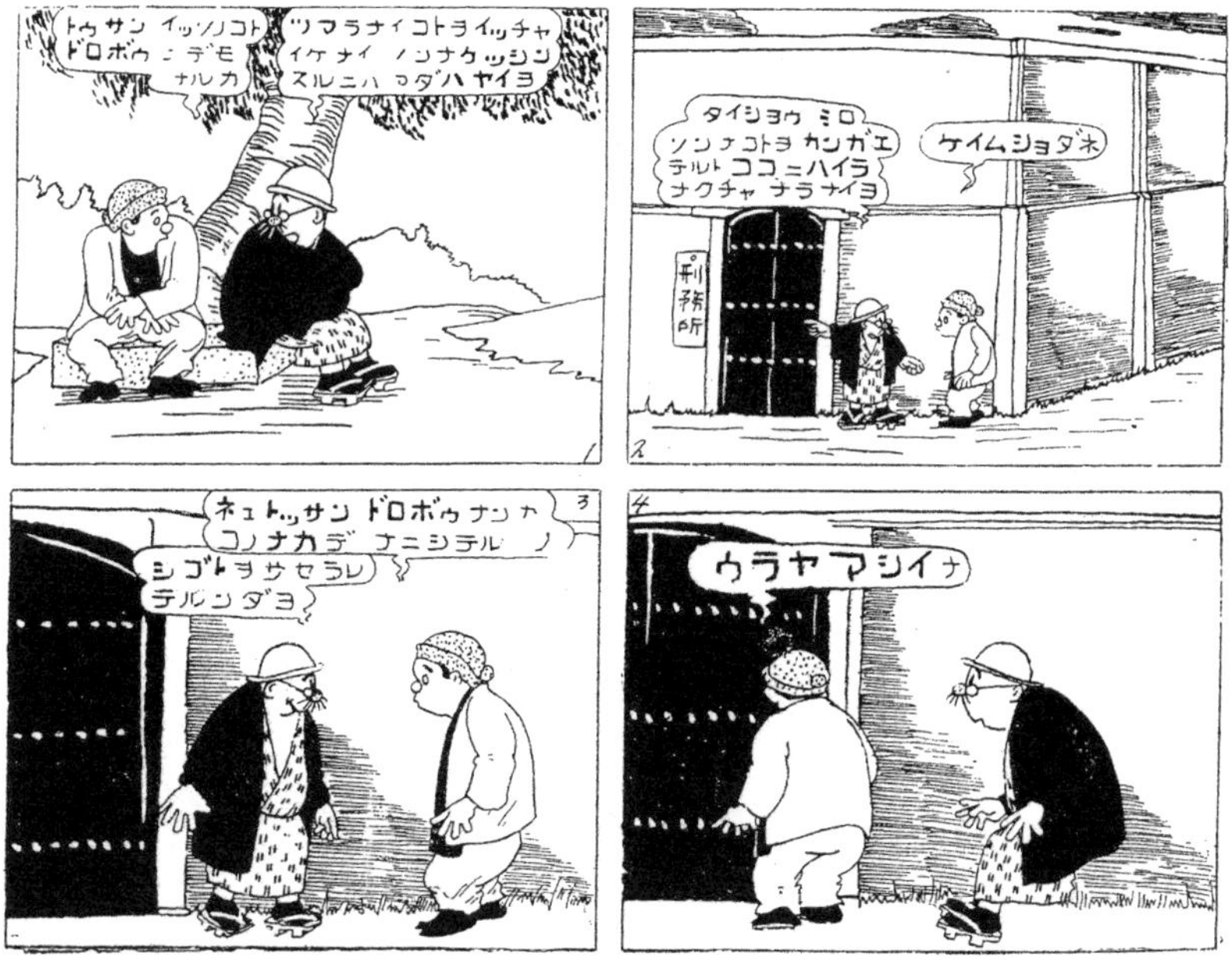

図94　ノンキナトウサン（麻生豊，『ノンキナトウサン』第6集，報知新聞社，大正14年）

聞』に連載された南部正太郎「ヤネウラ3ちゃん」、そして『夕刊フクニチ』（昭和二一年）、『朝日新聞』（昭和二四年）に連載された戦後四コマ漫画の最高傑作「サザエさん」（長谷川町子）へとつらなっていくのである。

大正時代、岡本一平が生みだした「漫画漫文」というスタイルは、デモクラシーの社会のなかで発展し、構成力と娯楽性にすぐれた長編のストーリー漫画が続々登場した。そうした漫画を読んで育った手塚治虫や長谷川町子らが、戦後のマンガを生み出していった。現在のマンガ時代の出発点は、まさにここにあったのである。

ストーリー漫画の発展

大正期に登場した「映画小説」「漫画小説」と呼ばれる質の高いストーリー漫画は、昭和に入ると「連続漫画」という言葉に変わっていく。これは新聞や雑誌の連載漫画の角書き《つの》（題名の前段に角のように二行にしてつけるもの）として登場し、とくに子ども雑誌の作品につけられた（「つづき漫画」という言葉も使われた）。

たとえば、昭和八年七月に創刊した『マンガ娯楽部』の目次には、

連続漫画「弁慶君」田河水泡

という表示がある。その本文を見ると「つづき漫画」という言葉が使われている。

「連続漫画」という言葉を著名にしたのは、昭和一〇年から一一年にかけてアトリエ社から出版された「現代連続漫画全集」全八巻であろう。当代人気漫画家一六人による書き下ろしストーリー漫画全集である。次のような内容であった。

第一巻　前川千帆「あわて者の熊さん」　下川凹天「男やもめの厳さん」
第二巻　麻生豊「青春時代」　長崎抜天「風船玉行進曲」
第三巻　宍戸左行「特急無敵三郎」　宮尾しげを「ドングリ太郎」
第四巻　池田永一治（永治）「ぴちべ」　河盛久夫「ハーさんフーさん小母さん」
第五巻　武井武雄「ハツメイハッチャン」　阪本牙城「ガンガラガン太」
第六巻　市川十士「人生五十から」　近藤日出造「ミスパン子」
第七巻　松下井知夫「串差おでん」　横山隆一「トップ君とラスト君」
第八巻　田河水泡「ミスターチャンチャラ」　小野佐世男「キャベ子の冒険」

このほかに付録として宮尾しげを『突飛鳶太郎』が各巻に付けられた。近藤日出造の作品は生涯唯一のストーリー漫画である。宮尾作品のような子ども漫画から市川・近藤（第六巻）、松下・横山（第七巻）のような大衆漫画まで、ストーリー漫画が広範囲な世代に受け入れられていたことがわかる。

「のらくろ」と絵物語

昭和六年から昭和一六年まで一一年間、『少年倶楽部』に連載された田河水泡の「のらくろ」は、一〇冊の単行本にもまとめられて大ベストセラーになった。この人気漫画は昭和一六年一〇月号で突然連載を終えてしまう。

情報局からの圧力があったからである。印刷用紙の不足から、昭和一五年、内閣に新聞雑誌用紙統制委員会ができ、厳しい統制が始まる。そのため大量に用紙を使う『少年倶楽部』がねらわれ、その人気漫画「のらくろ」に対して連載中止の圧力がかけられたのである。田河は軍の情報局に呼び出され、直接「あんたの連載がなければ『少年倶楽部』の部数が落ちて用紙の節約になる」といわれたという（田河水泡・高見澤潤子『のらくろ一代記』平成三年、講談社）。

こうした時代、「非常時に、漫画のようなふざけたものに用紙は割り当てられない」といった風潮をかわすため、出版社の漫画本出版において、タイトルを「漫画」から「絵物語」にするものも現れた。たとえば、

『絵物語・隣組の善ちゃん』（二井木まさを、不二出版社、八五銭、昭和一五年一二月二五日）

『聖戦絵物語・銃後のをばさん』（京川敦美、春江堂、一〇銭、昭和一五年）

『絵物語・戦ふ勇太』（筑波三郎、中村書店、一円二〇銭、昭和一七年九月二〇日）

などである。大正期に「漫画双紙」、昭和初期に「漫画物語」という言葉が左記の例のように登場したが、「絵物語」は昭和一五年以後に登場した言葉だと思われる。

『漫画双紙・嫁さがし』（近藤浩一路、磯部甲陽堂、五〇銭、大正七年九月二〇日）

『漫画物語・軽飛軽助』（宮尾しげを、講談社、一円三〇銭、昭和二年六月四日）

手塚治虫、そしてコミックの時代

戦後漫画は手塚治虫の登場によって大きく変わった。手塚はディズニーのアニメ、中村漫画をはじめとした昭和子ども漫画本、アメリカの漫画家ミルト・グロスの作品などに影響を受けてじつにスマートな描法を生み出した。岡本一平と同様に映画から「クローズアップ」「鳥の目」「犬の目」のような自由なカメラアングルの表現を学び、さらにはスピード感、動感などをも紙の上に表現することで漫画のコマ運びをより魅力的なものにする。そして、ストーリーにおいても、主人公の死で終わらせて、それまでの「ハッピー・エンド」の常識をつくがえすなど、内容的により小説や映画に近づける革新をする。デビュー作である『新宝島』には「冒険漫画物語」という言葉が表紙に見える。この言葉は、「ジャングル大帝」にも使われた。このほか手塚は「長編漫画」「絵物語」「漫画物語」などの言葉を使った。

手塚という巨人の登場で、漫画界に多くの英才が集まり、多種多様なストーリー漫画が登場してくる。その多くが小学生を対象にしたものであったが、昭和三〇年代に入ると、中学生たちも興味をひく漫画「劇画」が登場してくる。それは主として貸本屋の貸本漫画誌に掲載されて人気を得ていく。昭和三四年に刊行されだした白土三平『忍者武芸帳』全一七巻は、その人気を高校生さらには大学生へと広げた。やがて「劇画」は一般週刊誌の中に発表の場を得て大衆化する。

昭和四〇年代後半からは、「劇画」は「コミック」と呼ばれるようになり今日に至る。なお、「ストーリー漫画」という言葉は戦後生まれたものであるが、昭和三〇年代後半には使われていたものと推測する。戦後最初の漫画週刊誌『週刊漫画ＴＩＭＥＳ』（芳文社、昭和三一年）の創刊号表紙から毎号「トピックと漫画ストーリーの見る週刊誌」というキャッチフレーズが掲載される。このころから「物語」という言葉が「ストーリー」に置きかえられて使われるようになったと思われるのである。

「漫画」という表現概念は、江戸の「鳥羽絵」、明治の「ポンチ」、大正の「漫画」、昭和戦前の「絵物語」、戦後の「劇画」「コミック」を経て、現代ではアニメやゲームなども含めて「マンガ」と呼ばれている。時代とともに大きく変わってきたのである。

著者紹介

一九三九年、東京都生まれ
一九六二年、立教大学理学部数学科卒業
現在、帝京平成大学教授

主要著書
漫画の歴史　ビゴー日本素描集〈編〉　近代日本漫画百選〈編〉　漫画にみる一九四五年　大阪漫画史　図説・漫画の歴史

歴史文化ライブラリー
75

マンガ誕生
大正デモクラシーからの出発

一九九九年九月一日　第一刷発行

著　者　清《し》水《みず》勲《いさお》
発行者　林　英男
発行所　株式会社吉川弘文館
東京都文京区本郷七丁目二番八号
郵便番号一一三―〇〇三三
電話〇三―三八一三―九一五一〈代表〉
振替口座〇〇一〇〇―五―二四四
印刷＝平文社　製本＝ナショナル製本
装幀＝山崎　登

歴史文化ライブラリー

1996.10

刊行のことば

現今の日本および国際社会は、さまざまな面で大変動の時代を迎えておりますが、近づきつつある二十一世紀は人類史の到達点として、物質的な繁栄のみならず文化や自然・社会環境を謳歌できる平和な社会でなければなりません。しかしながら高度成長・技術革新にともなう急激な変貌は「自己本位な刹那主義」の風潮を生みだし、先人が築いてきた歴史や文化に学ぶ余裕もなく、いまだ明るい人類の将来が展望できていないようにも見えます。このような状況を踏まえ、よりよい二十一世紀社会を築くために、人類誕生から現在に至る「人類の遺産・教訓」としてのあらゆる分野の歴史と文化を「歴史文化ライブラリー」として刊行することといたしました。

小社は、安政四年（一八五七）の創業以来、一貫して歴史学を中心とした専門出版社として書籍を刊行しつづけてまいりました。その経験を生かし、学問成果にもとづいた本叢書を刊行し社会的要請に応えて行きたいと考えております。

現代は、マスメディアが発達した高度情報化社会といわれますが、私どもはあくまでも活字を主体とした出版こそ、ものの本質を考える基礎と信じ、本叢書をとおして社会に訴えてまいりたいと思います。これから生まれでる一冊一冊が、それぞれの読者を知的冒険の旅へと誘い、希望に満ちた人類の未来を構築する糧となれば幸いです。

吉川弘文館

〈オンデマンド版〉
マンガ誕生
大正デモクラシーからの出発

歴史文化ライブラリー
75

2017年（平成29）10月1日　発行

著　者　清《し》水《みず》　勲《いさお》
発行者　吉川道郎
発行所　株式会社　吉川弘文館
〒113-0033　東京都文京区本郷7丁目2番8号
TEL　03-3813-9151〈代表〉
URL　http://www.yoshikawa-k.co.jp/

印刷・製本　大日本印刷株式会社
装　幀　清水良洋・宮崎萌美

清水　勲（1939～）

ISBN978-4-642-75475-0